W0187613

Christa Baich / Dorothea Gnau / Christine Klimann

Wenn wir an Grenzen kommen

Hoffnung leben – Hoffnung geben

Ignatianische Impulse
Herausgegeben von Stefan Kiechle SJ, Willi Lambert SJ
und Martin Müller SJ
Band 81

Ignatianische Impulse gründen in der Spiritualität des Ignatius von Loyola. Diese wird heute von vielen Menschen neu entdeckt.

Ignatianische Impulse greifen aktuelle und existentielle Fragen wie auch umstrittene Themen auf. Weltoffen und konkret, lebensnah und nach vorne gerichtet, gut lesbar und persönlich anregend sprechen sie suchende Menschen an und helfen ihnen, das alltägliche Leben spirituell zu deuten und zu gestalten.

Ignatianische Impulse werden begleitet durch den Jesuitenorden, der von Ignatius gegründet wurde. Ihre Themen orientieren sich an dem, was Jesuiten heute als ihre Leitlinien gewählt haben: Christlicher Glaube – soziale Gerechtigkeit – interreligiöser Dialog – moderne Kultur.

Christa Baich / Dorothea Gnau /
Christine Klimann

Wenn wir an Grenzen kommen

Hoffnung leben – Hoffnung geben

echter

Bibliografische Information der Deutschen Nationalbibliothek

Die Deutsche Nationalbibliothek verzeichnet diese Publikation in der
Deutschen Nationalbibliografie; detaillierte bibliografische Daten sind
im Internet über <http://dnb.d-nb.de> abrufbar.

© 2018 Echter Verlag GmbH, Würzburg
www.echter.de
Druck und Bindung: CPI books – Clausen & Bosse, Leck
ISBN
978-3-429-05326-0
978-3-429-05002-3 (PDF)
978-3-429-06412-9 (ePub)

Inhalt

Vorwort

Grenzen sind ambivalent. Sie zu überwinden kann Ansporn sein für Höchstleistungen, oft aber ist es schmerzhaft, an sie zu stoßen. An äußeren Grenzen reiben Menschen sich vergeblich wund, an inneren Grenzen tun sich Abgründe auf. Träume zerplatzen, Selbstverständlichkeiten brechen ein, aus Wegen werden Sackgassen.

Auch der Glaube kann an Grenzen stoßen – und wie viele Menschen erfahren das schmerzlich in ihrem Leben –, aber ihm wohnt auch eine Dynamik inne, die an die Grenzen hindrängt. Jesus hat seine Jünger »bis an die Grenzen der Erde« gesendet (Apg 1,8), denn das Evangelium muss alle Geschöpfe erreichen (Mk 16,15). So sind es die Wechselspiele des Lebens und die christliche Berufung, die immer wieder mit Grenzen konfrontieren. Sendung als Grunddimension ignatianischer Spiritualität hat viel damit zu tun, »an die Grenzen zu gehen«, und auch Papst Franziskus wird nicht müde, für eine Kirche einzutreten, die an die Ränder geht. Damit sind nicht nur geographische Randgebiete oder soziale Brennpunkte gemeint, sondern auch Abgründe von Vereinsamung, Perspektivlosigkeit und Verzweiflung. Wenn dann innere und äußere Grenzen aufeinandertreffen, können sich Ohnmacht und Lähmung breitmachen – oder aber die Hoffnung kommt ins Spiel. Und diese Hoffnung ist nicht einfach da oder nicht, sondern es gilt, um sie zu ringen. An ihr entscheidet sich der Umgang mit Grenzen.

So entstand die Idee zu diesem Buch. Wir drei Autorinnen gehören zu einer ignatianischen Ordensgemeinschaft. Ignatius betont, dass der Mensch auf Gott hin geschaffen ist, und der zentrale Begriff der Sendung verbindet sich bei ihm mit der Hilfe für die Seelen. Eugénie Smet, die Gründerin unserer Gemeinschaft, ist vom Wunsch beseelt, den Menschen zu helfen, das Ziel ihrer Erschaffung zu erreichen. Sie hat dabei besonders die im Blick, die leiden, die vergessen und ausgegrenzt sind. An diesen Grenzen kommt bei ihr der für uns Helferinnen zentrale Begriff der Hoffnung für die ganze Menschenfamilie ins Spiel. Damit bringt sie eine besondere »Klangfarbe« in den Chor der ignatianischen Stimmen ein.

Dieses Buch ist ein Gemeinschaftsprojekt. Wir haben uns nicht nur zum Schreiben getroffen, sondern es gemeinsam konzipiert, die Inhalte diskutiert, um den Aufbau gerungen, gegengelesen. Die einzelnen Teile tragen unterschiedliche Handschriften und sind auch von ihrer Art her verschieden. So sollen grundsätzliche Überlegungen, viele konkrete Beispiele aus eigenen Erfahrungen und aus der Begleitung (deshalb wird häufig auch die Ich-Form und manchmal nur die weibliche Form verwendet) sowie ein Teil mit Übungen und einer mit aktuellen Fragen aus Kirche und Welt das Thema Hoffnung aus verschiedenen Perspektiven beleuchten. Wie die Grundperspektive christlicher Hoffnung das Leben von Eugénie Smet prägte und sie zur Gründungsidee der Kongregation der Helferinnen motivierte, zeigt ein kurzes Kapitel am Schluss des Buches auf.

Grenzen sind oft schmerzhaft, können aber auch Begegnung und neue Möglichkeiten eröffnen. Möge dieses Buch zum Weiter-Gehen, zum Durch-Gehen ermutigen, damit die Hoffnung ihre verwandelnde Kraft entfalten kann.

1. Eine Hoffnungsgeschichte?

Vielseitig begabt, mit einem großen Freundeskreis, das Studium erfolgreich abgeschlossen, inzwischen beruflich erfolgreich als PR-Frau tätig: Andrea[1] ist eine Frau, die mitten im Leben steht. Ihr Glaube und ein regelmäßiges geistliches Leben sind ihr wichtig. Christliche Hoffnung trägt und prägt ihre Einstellungen wie auch ihr Engagement. Dass sie entschieden als Christin leben will, ist ihr klar. Nun hat das Anliegen, Gott den ersten Platz in ihrem Leben einzuräumen, Fragen nach der konkreten Lebensform aufkommen lassen. Immer mehr hat sich dabei der Gedanke herauskristallisiert, in einen Orden einzutreten. Vermehrte Kontakte zu einem Kloster haben diesen Gedanken zu einer realen Option werden lassen. Auch der Orden kann sich gut vorstellen, dass diese spirituelle und zugleich sehr geerdete Frau dort eintritt. Hoffnungsvoll, dort ihren Platz in der ihr entsprechenden Lebensform gefunden zu haben, entscheidet Andrea sich, für einige Zeit in diesem Kloster mitzuleben. – Doch die Pläne und Hoffnungen werden durchkreuzt.

Andrea gerät in eine schwere psychische Krise, die schließlich zur Einweisung in eine psychiatrische Klinik führt. Psychose lautet die Diagnose, später: Schizophrenie. Im Rückblick beschreibt sie die Gefühle der Scham, als sie langsam ihre Situation realisiert. Scham über das eigene Verhalten während der Psychose und auch Scham, selbst nicht einmal wahrgenommen zu haben, wie sie in die Krankheit hineinrutschte, ohne selbst zu bemerken, dass sich die eigene Wahrnehmung der Realität zunehmend von der anderer

Menschen unterschied; Scham, dass ihr so etwas passiert, ihr, die – wie so viele von uns – das doch nie von sich gedacht hätte. »Psychiatrie, das betrifft nur andere Menschen. Und plötzlich landest du an einem Ort, der bisher überhaupt nicht in deinem Horizont war. ... Ich doch nicht ...«

Einer längeren Genesungszeit folgt das langsame Zurückfinden in Alltag und Beruf. Andrea findet eine Wohnung und einen Arbeitsplatz. Es wächst die Hoffnung, wieder zurück in die »Normalität« gefunden zu haben – bis es zum nächsten psychotischen Schub kommt. Wiederum ist ein längerer Klinikaufenthalt nötig, wieder dauert es lange, bis sich ihre Situation so weit stabilisiert hat, dass sie in die »Normalität« ihres Privat- und Berufslebens zurückkehren kann. In den darauffolgenden Jahren folgen noch mehrere Klinikaufenthalte, dazwischen jahrelange Phasen, in denen sie wieder voll berufstätig sein kann. Ein Auf und Ab zwischen Hoffnung und Enttäuschung.

Nach einigen Jahren, geprägt von Verschweigen und seltenem sehr betroffenem Berichten in Zweiergesprächen, erzählt jemand Andrea von der Initiative »Experienced Involvement«, die Menschen mit eigener Erfahrung in der Psychiatrie ausbildet, um andere in ähnlichen Situationen zu begleiten. Andrea nimmt Kontakt auf, bietet ihre Mitarbeit als PR-Frau im zugehörigen Verein (www.ex-in-bern.ch) an. »Bei ›Ex In‹ wurde der Krankheits-Erfahrung eine Wertschätzung entgegengebracht, die ich vorher so nie erlebt habe. Das ewige Tabu als Qualifikation und Arbeitsgrundlage – welch ein Wandel. Hier war man nicht trotz, sondern wegen einer Krisenbefähigung willkommen.« Andrea wagt es, mit ihrer Geschichte in Interviews und Artikeln an die Öffentlichkeit zu treten.

Bewusst will sie der gesellschaftlichen Tabuisierung und Stigmatisierung etwas entgegenstellen. Ihre eigenen Erfahrungen hat Andrea intensiv reflektiert. In großer Offenheit berichtet sie von den Phasen ihrer Auseinandersetzung mit der Krankheit zwischen Leugnung, Niedergeschlagenheit, Wut und Auflehnung – auch gegenüber Gott – bis hin zur Akzeptanz, dass die Begegnung mit einer anderen Wahrnehmung der Realität zu ihr selbst gehört. »Und ich hoffe immer noch, dass man diese Erfahrung nicht einfach wegmachen muss, sondern dass ich lernen kann, damit umzugehen, sie wert- und wichtig zu schätzen.«

Andrea beschreibt ihr Ringen zwischen Verzweiflung und Hoffnung und auch wie sie darauf angewiesen ist, dass andere bei ihr bleiben und zu ihr stehen, vor allem dann, wenn ihr selbst die Kräfte ausgehen. Sie verschweigt dabei jedoch nicht, wie das Geheimhalten und zugleich Mittragen die Menschen, die in dieser Zeit zu ihr standen, an den Rand der Überforderung brachte.

Neben den positiven Erfahrungen von Unterstützung und Begleitung benennt sie auch die Unsicherheit vieler Menschen im Umgang mit Menschen, bei denen eine psychische Krankheit diagnostiziert wurde. Es macht Angst, weil es ein menschliches Potenzial zeigt, das jede und jeder von uns in sich trägt.

In der Offenheit, mit der Andrea erzählt, werden ihre Erfahrungen fruchtbar für andere. Ihre sprachliche Begabung und ihre Erfahrung aus der PR-Arbeit nutzt sie, um Menschen in psychischen Krisen zu helfen und ihrer gesellschaftlichen Stigmatisierung entgegenzuwirken. Eines der Interviews, in dem Andrea ihre Geschichte erzählt, trägt den Titel »Krankheit, Erfahrung oder gar Begabung?«[2].

Leitmotiv in ihrer Arbeit in einer Tagesklinik und in ihrem Engagement für Erfahrungsgenossinnen und -genossen ist für Andrea »Empowerment«, anderen zur Selbstermächtigung zu verhelfen.

Die Frage nach Gott bleibt, wie auch die Herausforderung, mit den Durchkreuzungen und Einbrüchen zu leben. Ist Andreas Geschichte eine Hoffnungsgeschichte? Die Hoffnung, dass es so kommt, wie sie es sich gewünscht hat, hat sich nicht erfüllt. Die Peerarbeit hat auch nicht einfach als Plan B die ursprünglichen Pläne abgelöst. Doch mehr und mehr zeigt sich für sie, wie das eine aus dem anderen erwächst und beides ineinander gründet. »Ich glaube immer noch, dass Gott mich berufen hat, damals im Kloster. Ich habe ›ja‹ gesagt – und sage es noch. Er hat dieses ›Ja‹ angenommen und daraus etwas Neues gemacht.«

2. Hoffnung in Stichworten

Lebenselixier und Grundmotor

Wer kennt sie nicht – die Bilder aus dem Mittelmeer? Völlig überfüllte Boote, entkräftete Menschen, die in Rettungsdecken gehüllt werden, an den Strand geschwemmte Turnschuhe, Gesichter, in denen sich unendliche Erleichterung widerspiegelt oder namenlose Trauer. Eindrücklicher und erschütternder kann man die Kraft der Hoffnung wohl kaum ausdrücken. Verzweiflung allein setzt Menschen nicht in Bewegung, auch nicht Wut oder Enttäuschung lassen Menschen solche Risiken und Strapazen auf sich nehmen. So sind es nicht nur himmelschreiende Ungerechtigkeit und unsagbares Leid, die Migrationsströme auslösen. Es ist auch die Kraft der Hoffnung, die gegenwärtig die Welt in Atem hält und Geschichte schreibt.

Hoffnung ist nicht nur der Motor in Flüchtlingsschicksalen. Der altertümliche Ausdruck »guter Hoffnung sein« für eine Schwangerschaft verbindet die Hoffnung mit dem Beginn des Lebens. Und kann es eine Geburt ganz ohne Verheißung geben? Das heißt nicht, dass es auch ohne Kampf abgeht. In der Erzählung der Geburt Jesu, der Hoffnungsgeschichte schlechthin, geht es auch um das Grauen des Kindermords in Bethlehem, um Verfolgung und Flucht. Aber auch durch Grausamkeiten und Schicksalsschläge hindurch kann sich die Spur der Hoffnung ziehen. Denn wo keine Hoffnung mehr ist, gibt es nicht mehr viel Leben. Hoffnung und Lebenswille sind zuinnerst miteinander verbunden.

Woher kommt diese Kraft? Menschen erleben und erleiden nicht nur, was ihnen begegnet. Als geistige Wesen haben sie die Fähigkeit, die eigene Existenz zu reflektieren, zu deuten und sie in einen Sinnzusammenhang zu stellen. Wir leben nicht nur in einer Gegenwart, wir wissen um eine Vergangenheit und wir blicken in eine Zukunft. Wir können ihrer aber nicht habhaft werden. Sie bleibt fremd, unsicher und unverfügbar. Wenn wir daher in die Zukunft schauen, tun wir das entweder im Modus der Angst oder der Hoffnung. Und so reicht die Zukunft schon in unsere Gegenwart hinein. In Gestalt von Befürchtungen und Ängsten kann sie lähmen oder ungeahnte Aktivität hervorrufen; in Gestalt von Hoffnung kann sie Kräfte freisetzen oder Gegenwärtiges geduldiger ertragen lassen.

Oft klaffen Wunsch und Wirklichkeit unangenehm auseinander. Nach einem Erdbeben oder im syrischen Bürgerkrieg ist das augenscheinlich. Aber auch schon Kopfschmerzen können eine unerträgliche Spannung erzeugen. Hoffnung löst diese Spannung zumindest in der Zukunft auf. Ob es die Aussicht auf ein Leben in Europa ist oder einfach das Ende der Migräne – die Vorstellung, dass es in der Zukunft besser sein wird, hilft, den unangenehmen gegenwärtigen Zustand zu ertragen. Das gilt sogar für die Extremsituation in einem Konzentrationslager. So hat Viktor Frankl die Vorstellung, über die Zustände im Lager und deren Auswirkungen später Vorlesungen zu halten, so viel Kraft und Lebenswillen gegeben, dass er überlebt hat. Er zitiert Friedrich Nietzsche: »Wer um ein Warum weiß, verträgt sich mit fast jedem Wie.« Hier kommt wieder die Geschichte ins Spiel, die der Mensch erzählen will. Wenn eine schwere Erfahrung schlüssiger Bestandteil meiner Geschichte wird, wenn die Vergangenheit sich sinnvoll mit der Gegenwart verbindet, wenn eine harte Gegenwart in eine freundliche Zukunft führen kann – möge sie auch noch fern sein –, dann kann ein Mensch mehr ertragen, als er je für möglich gehalten hätte.

Rachel Naomi Remen erzählt solche Geschichten.[3] Die Erkenntnis, an einer chronischen Darmkrankheit zu leiden, ließ die damals 16-Jährige fast verzweifeln und tatsächlich hatte sie einen wahren Kreuzweg an Behandlungen und Operationen vor sich, der viele Leiden und Einschränkungen mit sich brachte. Jahre später waren es gerade diese Erfahrungen der Krankheit und Ohnmacht, die ihr als Ärztin einen ganz anderen Zugang zu ihren Patienten ermöglichten.

Hoffnung ist für alle Glaubenden eine wesentliche Dimension ihrer Beziehung zu Gott: Wir sehen Gott nicht, wir können uns seiner nie sicher sein. Er ist gleichzeitig nahe und fern, fremd und vertraut. Wir können ihn suchen, wir können uns finden lassen von ihm – zähmen, in die Tasche stecken können wir ihn aber nicht. Gott geht einen Weg mit den Menschen durch die Zeiten hindurch. Oft genug bleibt dieser Weg aber rätselhaft. Die jüdisch-christlichen heiligen Schriften erzählen von diesem Weg unter dem Motto der Verheißung. Und das ist Auftrag an die Glaubenden: Das Volk Israel erinnert sich an die Befreiung aus der Knechtschaft in Ägypten, holt durch das Gedenken Gottes Befreiungshandeln in die Gegenwart hinein und erfleht die endgültige Befreiung. In der Feier der Eucharistie denken Christen an die Mahlgemeinschaft Jesu mit den Sündern und an seinen Tod und seine Auferstehung. Im Gedenken, im Erfüllen des Auftrags Jesu wird Jesus Christus selbst präsent. Gleichzeitig verweist die Eucharistie auf das himmlische Hochzeitsmahl. So prägen die Dimensionen von Vergangenheit, Gegenwart und Zukunft unser Menschsein und unseren Glauben.

Im Alten Testament wird die Erinnerung betont; ihre Aufgabe ist es, die Hoffnung zu stärken. Die vergangene Verheißung wird in die Zukunft geholt: »die mit Tränen säen, werden mit Jubel ernten« (Ps 126,5).

Im Neuen Testament gewinnt der Blick auf die Zukunft und somit die Hoffnung noch ein neues Gewicht. Christen leben in der Spannung des »Schon und Noch nicht«. Wir können schon hier und jetzt Gemeinschaft mit Gott leben – aber die volle Erfüllung dieser Gemeinschaft erwarten wir noch: »Auch wir, obwohl wir als Erstlingsgabe den Geist haben, auch wir seufzen in unserem Herzen und warten darauf, dass wir mit der Erlösung unseres Leibes als Söhne offenbar werden«, heißt es im Römerbrief (8,23). So ist die Hoffnung das dynamische Element des Glaubens. Sie verbindet uns mit diesem Gott, der in der Geschichte wirkt und doch geheimnisvoll bleibt. Sie lässt uns in der Geschichte feststehen und offen in die Zukunft blicken. Sie schlägt eine Brücke von der großen Geschichte Gottes mit den Menschen hin zu meinem eigenen Leben: Vielleicht, hoffentlich, kann ich meine eigene Geschichte als Heilsgeschichte erzählen!

Optimierungsdruck

Das Leben in der postmodernen Gesellschaft ist anstrengend. Während vor wenigen Jahrzehnten die meisten Eckpunkte einer Lebensgeschichte vorgegeben waren, gilt es nun, selbst zu wählen und sich aus der Fülle der Möglichkeiten die eigene Biographie zusammenzubauen. Allerdings nicht irgendeine Biographie. Eine Erfolgsgeschichte. Charakteristika der Generation Y, also der nach 1980 Geborenen, stehen dabei für einen allgemeinen Trend: Es geht nicht mehr um die Karriere um jeden Preis, sondern um Selbstverwirklichung. Was zunächst positiv klingt, kann Druck erzeugen. Aus der Selbstverwirklichung wird die Selbstoptimierung. Beruflicher Erfolg genügt nicht, es gilt, in allen Lebensbereichen permanent an sich zu arbeiten: Mit Hilfe vieler Ausbildungen gilt es, die eigenen Stärken auszubauen und die Schwächen in solche zu verwandeln, beständig die eigenen Grenzen zu erweitern, den eigenen Körper nach einem Idealmaß zu modellieren, klug gesteckte Ziele zu erreichen, immer fitter und gesünder zu werden, aus Krisen gestärkt hervorzugehen – auf dass die eigene Biographie eine Erfolgsgeschichte werde ...

Für Katharina, die als Schauspielerin den Druck der permanenten Selbstoptimierung besonders stark spürte, wurde der Besuch in einer orthodoxen Kirche zu einem Schlüsselerlebnis. Ehrwürdige Architektur, archaische Gesänge, jahrhundertealte Liturgie – plötzlich verstand sie: endlich ein Raum, in dem nicht optimiert werden muss!

In einer säkularen Welt sind solche Räume schwer zu finden. Eine auf Optimierung ausgerichtete Denkweise kann selbst in religiösen Kontexten eine Rolle spielen und spirituelle Suche begleiten. Die Praxis von Yoga oder bestimmten Meditationstechniken kann von einer gar nicht so subtilen Form von Leistungsdenken geprägt sein, aus dem auszusteigen äußerst schwierig ist. Das Versprechen, durch Übungen achtsamer, freier und klarer zu werden, ist interessant, weil es nicht nur höhere Zufriedenheit, sondern auch mehr beruflichen Erfolg verspricht. Nicht umsonst boomen Meditationskurse für Manager.

Die Hoffnung richtet sich dabei weniger auf Gott oder einen metaphysischen Zusammenhang, sondern auf die eigenen Potentiale, die es zu entfalten gilt. Und vielleicht noch darauf, dass die Bedingungen günstig sein mögen.

Wie man angesichts dieser Gemengelage über Hoffnung sprechen kann, ist eine vielschichtige Frage. Einerseits ist das Wort und das, was gemeint ist, auch in einem säkularen Kontext verständlich und bedeutsam. Schweizer Forscher erstellen seit 2009 ein jährliches »Hoffnungsbarometer« – eine Studie, die nach den Hoffnungen der Menschen fragt und Entwicklungen untersucht.[4] Die Umfrage zeigt, wie wichtig Hoffnung für die Befragten ist. Allerdings hat diese Hoffnung kaum eine religiöse Komponente – das sieht man nicht nur an den Themen (Spitzenreiter sind Gesundheit, glückliche Beziehungen und Selbstbestimmung), sondern vor allem auch an den Hoffnungsträgern: Im Jahr 2016 stehen an erster Stelle Lebenspartner, gefolgt von der eigenen Person und Freunden – Gott ist weit abgeschlagen, noch nach Politikern und Wissenschaftlern. Der kluge Fragebogen von Max Frisch zum Thema Hoffnung fordert religiöse und nicht glaubende Menschen gleichermaßen heraus und bietet Anreiz, den eigenen inneren Überzeugungen und Regungen auf die Spur zu kommen. Hoffnung kann sich auf vieles richten und ist vermutlich in jedem Fall – ob stark oder schwindend – zentraler Motor menschlichen Handelns und Entscheidens oder aber Treibenlassens und Resignierens.

Christliche Hoffnung meint aber noch etwas anderes. Gegenstand der Hoffnung bin nicht ich selbst und die Potentiale, die in mir stecken mögen, auch nicht irgendeine unpersönliche Größe, sondern ein Gott, der einen Weg geht mit den Menschen und Interesse hat an mir. Die erste Bewegung, die erste Initiative liegt bei ihm. Er ruft Abraham, er erwählt sich ein Volk, er ruft beim Namen (Jes 43,1), er kommt den Menschen nahe in Jesus Christus. Durch alle Zeiten hindurch hat er Menschen angesprochen und gerufen. Und zu glauben heißt, ihm das auch heute zuzutrauen. Er hat errettet, er wird wieder erretten. Er hat begonnen, er wird auch vollenden. So meint christliche Hoffnung ganz wesentlich, an diese Initiative Gottes zu glauben. Als Christen sind wir berufen, wirksam zu sein, Frucht zu bringen, und zwar dreißigfach, sechzigfach und hundertfach (vgl. Mk 4,20). Die Geschichte des Christentums ist auch die Geschichte hochengagierter Menschen, die viel bewirkt und verändert haben. Und ein jeder von uns ist berufen, Hoffnungsträger zu sein: all unsere Begabungen einzusetzen, um Hoffnung Wirklichkeit werden zu lassen und so an der Verwandlung der Welt mitzuarbeiten.

Aber christliche Hoffnung hängt nicht nur mit Tun zusammen, sondern auch mit Geschehenlassen; nicht nur mit Wollen, sondern auch mit Loslassen. »Nicht mein, sondern dein Wille geschehe«, hat Jesus am Ölberg gebetet – und das bleibt Richtschnur für Christen. Dabei müssen Entfaltung der eigenen Möglichkeiten und Wille Gottes nicht notwendigerweise im Widerspruch zueinander stehen. Aber Christen sind eingeladen, hörend zu bleiben. Als gläubige Menschen können wir uns nicht darauf fixieren, das Glück auf eine bestimmte Weise zu erwarten und ein Projekt – mag es noch so sinnvoll erscheinen – genau so und nicht anders zu verwirklichen. Während säkulare Hoffnung gar nicht anders kann, als ihren Gegenstand und ihr Ziel in dieser Welt erreichen zu wollen, weist christliche Hoffnung über diese Welt hinaus. Damit wird der Gegenstand der Hoffnung unverfügbarer, aber wie viel Druck fällt weg! Ich bin auf ein Ziel hin unterwegs, ja, und ich will es nicht aus den Augen verlieren. Und auch als Christin träume ich von Erfüllung. Aber wann und wie ich dieses Ziel erreiche, das liegt nicht in meiner Hand.

Vertröstung

»Wann sind wir endlich da?« Jeder, der schon mit kleinen Kindern im Auto unterwegs war, kennt diese Frage in unzähligen Wiederholungen wie auch die unvermeidliche Antwort: »Bald!« Manch einer mag vielleicht auch noch die Frustration nachfühlen, die diese Antwort auslöst. Denn sie will weder Sachinformation geben noch Wahrheit ausdrücken. Ihr Ziel ist ganz einfach, die kleinen lästigen Fragesteller ruhigzustellen. Im Gegensatz zu einer Autofahrt, die früher oder später auf jeden Fall endet, ist das Ziel der christlichen Hoffnung in diesem Leben gar nicht zu erreichen. Dennoch hat die Hoffnung auf dieses Ziel über Jahrhunderte das Lebensgefühl von Menschen geprägt. Ewiger Lohn oder ewige Strafe – diese Aussicht hat zu Taten motiviert und andere verhindert, Lebensentscheidungen beeinflusst, Menschen diszipliniert und sie Schweres geduldig ertragen lassen.

Was über Jahrhunderte selbstverständlicher Wert war, ist im Zuge der Veränderung der Perspektiven, die neuzeitliche Entdeckungen, Aufklärung und Industrialisierung mit sich brachten, in Misskredit geraten. Die Erde als Gottes Schöpfung ist nicht mehr Mittelpunkt des Universums. Nicht mehr Gott steht im Zentrum, sondern der befähigte, aufgeklärte Mensch. Nicht mehr der ewig wiederkehrende Rhythmus der Natur prägt das Leben der Menschen, sondern unerbittliche Maschinen – Glanz und Elend, die der Fortschritt mit sich bringt. Die Welt, die Wertigkeiten haben sich verschoben und Religion gerät in die Kritik – und Hoffnung als Kern der Religion steht im Zentrum der Kritik. Wladimir Iljitsch Lenin bringt die marxistische Religionskritik besonders scharf auf den Punkt: »Die Ohnmacht der ausgebeuteten Klassen im Kampf gegen die Ausbeuter erzeugt ebenso unvermeidlich den Glauben an ein besseres Leben im Jenseits, wie die Ohnmacht der Wilden im Kampf mit der Natur den Glauben an Götter, Teufel, Wunder usw. erzeugt. Denjenigen, der sein Leben lang arbeitet und Not leidet, lehrt die Religion Demut und Langmut hienieden und vertröstet ihn mit der Hoffnung auf himmlischen Lohn. (…) Die Religion ist das Opium des Volks. Die Religion ist eine Art geistigen Fusels, in dem die Sklaven des Kapitals ihr Menschenantlitz und ihre Ansprüche auf ein halbwegs menschliches Leben ersäufen.«[5]

Ist damit das Ende der christlichen Hoffnung eingeläutet? Auf jeden Fall drückt diese Kritik eine Veränderung der Perspektive aus, die auch vor der Kirche nicht Halt macht. Durch das Zweite Vatikanische Konzil rückt auch in Theologie und Verkündigung das Diesseits mehr in den Blick. Erfüllung ist nicht mehr nur Sache des Jenseits, sondern in der Gemeinschaft mit Gott kann sie schon in diesem Leben erfahren werden. Christen sollen glückliche Menschen sein – nicht erst im Himmel, sondern schon hier und heute. Die Befreiungstheologie trägt dann ab den 1970er-Jahren das berechtigte Grundanliegen marxistischer Religionskritik in die Kirche hinein. Eine Kirche, die nur auf den Lohn im Jenseits vertröstet und nicht ganz konkret in dieser Welt für die Befreiung der Armen und Unterdrückten kämpft und sich nicht auch strukturell für eine gerechtere Welt engagiert, verrät die Sache Jesu.

Und die Kritik ist berechtigt. Die Aussicht auf eine spätere Gerechtigkeit unter anderen Vorzeichen kann hier auf der Erde zu einer gewissen Bequemlichkeit verleiten, dazu, sich mit den Zuständen und Entwicklungen in der Welt irgendwie abzufinden. Müsste die Kirche, müssten die einzelnen Christen nicht viel lauter für Arme und Unterdrückte ihre Stimme erheben? Christliche Hoffnung kann den Schatten der Vertröstung haben.

Christliche Hoffnung hat aber noch ein ganz anderes Potential. Jesus trägt seinen Jüngern auf, in der Welt zu leben – aber sie sollen wissen, dass sie nicht von der Welt sind (vgl. Joh 17,9–19). Das ist nicht nur eine gewaltige Herausforderung, sondern eröffnet einen neuen Horizont. Wer Christus nachfolgt, lebt in der Welt, teilt die Freuden und Ängste der anderen Menschen[6] und hat genau dort, wo er oder sie lebt, die Bühne, um etwas zu bewirken und Spuren zu hinterlassen. Aber das ist noch nicht alles. Christliche Berufung reicht über diese Welt hinaus, sie kommt von Gott und wird in ihm ihre Vollendung finden. Und dieses Wissen kann Kraft geben und Gelassenheit, Furchtlosigkeit und einen langen Atem.

Die beiden Perspektiven – Diesseits und Jenseits – müssen also nicht zwangsläufig im Widerstreit stehen. Richtig verstanden, verbindet christliche Hoffnung diese beiden Dimensionen und setzt daraus Kräfte frei. Wer seinen Blick bis zum Himmel richtet, kann mit beiden Beinen fest auf der Erde stehen.

Durchkreuzte Hoffnung

Paolo dall'Oglio hatte im Nahen Osten seine Bestimmung gefunden. Als junger Jesuit hatte er begonnen, sich für den Islam zu interessieren, hatte in Rom und in Damaskus studiert und dann in Mar Musa, einem alten Kloster in den syrischen Bergen, eine Gemeinschaft gegründet, die dem islamisch-christlichen Dialog gewidmet ist. Beeindruckend seine Ausstrahlung, unendlich segensreich sein Wirken. Mar Musa wurde zu einer wichtigen Begegnungsstätte, zu einem Ort friedlichen und fruchtbaren Miteinanders von Christen und Muslimen. Einem Ort der Hoffnung. Dann kam der Bürgerkrieg. Pater dall'Oglio bezog Position, ließ sich nicht einschüchtern. Am 28. Juli 2013 wurde er in Raqqa entführt. Seitdem fehlt jede Spur von ihm.

Wie viele Geschichten gibt es, die unerwartete und tragische Wendungen nehmen! Schon der Psalmist klagt: »Das ist mein Schmerz, dass die Rechte des Höchsten so anders handelt« (Ps 77,11). Wie viele Seifenblasen zerplatzen, wie viele Lieben zerbrechen, wie viele Pläne werden durchkreuzt, wie viel wird durch Kriege und Katastrophen zerstört, wie viele Hoffnungen zerschellen an den harten Felsen der Realität.

Auch die Geschichte Jesu erzählt davon: Er wollte den Menschen die Nähe Gottes vermitteln, er sollte der Friedenskönig werden. Große Hoffnungen ruhten auf ihm. Geendet ist er am Kreuz. Wir sind es gewohnt, die Passionsgeschichte immer schon im Licht von Ostern zu lesen. Aber für sich betrachtet, ist der Karfreitag ein Horror. Demütigungen, Spott, Folter und dann noch, wie die Evangelisten Markus und Matthäus erzählen, absolute Gottverlassenheit. Da gibt es keine Perspektive mehr, kein Warum und kein Wofür, kein Getragensein, keinen Trost. Da ist nur Schmerz, Verlassensein, Nacht. Jesus schreit laut auf. Ende. Aus. Menschlich betrachtet. Die Logik Gottes ist eine geheimnisvoll andere. Gottes Geschichte mit den Menschen ist eine Geschichte des Durchgehens – Pascha. Die Ursprungserfahrung des Volkes Israel mit seinem Gott ist die Befreiung aus der Knechtschaft. Befreiung aber nicht mit dem Zauberstab und von einem Moment auf den anderen; Gott hat seinem Volk einen Weg zugemutet. Durch das Rote Meer, durch die Wüste. Sowohl das Meer als auch die Wüste sind bedrohlich, sind Orte des Todes. Gott hat sein Volk nicht daran vorbeigeführt, sondern mitten hindurch.

Das Sterben Jesu ordnet sich in diese Logik des Durchgangs ein. Auch Jesus wird hindurchgeführt – durch den Tod zur Auferstehung. So ist das Kreuz nicht mehr Symbol eines tragischen Endes, sondern Schlüsselstelle, Wendepunkt. Es wird zum Symbol des Pascha-Mysteriums: Geheimnis von Durchgang, von Verwandlung. Durch die Taufe sind wir mit hineingenommen in dieses Geheimnis. Uns ist nicht verheißen, dass alles glattgehen wird im Leben, dass wir Glück haben und erfolgreich sind. Uns ist verheißen, dass das Dunkle und das Schwere nicht das letzte Wort haben werden. Uns ist das Leben verheißen, aber um den Preis der »Durchkreuzung«. Das ist nicht angenehm. So gibt es viele Versuche und Strategien, sich daran vorbeizudrücken: Man kann sich die Dinge schönreden, man kann auf die bösen anderen schimpfen, man kann sich ungerecht behandelt fühlen und in Selbstmitleid suhlen, man kann sich enttäuscht und verbittert zurückziehen. Alle diese Verhaltensweisen können natürliche Phasen eines Durchgangsprozesses sein. Wie oft hat das Volk Israel in der Wüste gegen Gott gemurrt!

Doch die Herausforderung ist, nicht steckenzubleiben, sondern weiterzugehen. Im Buch Genesis wird erzählt, wie Jakob die ganze Nacht mit Gott gerungen hat. Geblieben ist der Segen, aber auch das Hinken durch den Schlag auf die Hüfte. Der Auferstandene hat einen verklärten Leib, aber die Wundmale sind noch deutlich sichtbar.

Das Leben kann Wunden schlagen, die bleiben: Einschränkungen oder Behinderungen durch eine Krankheit oder der Verlust eines geliebten Menschen, der auch nach Jahren noch schmerzt. Manchmal aber gelingt es, dass gerade durch eine Verwundung nicht nur eine neue Sensibilität für Menschen in einer ähnlichen Situation, sondern sogar eine neue Aufgabe erwächst. Wie bei Klaus, der den Suizid seiner 16-jährigen Tochter erleben musste. Jahrelang hat er am Grabstein seiner Tochter gebaut und gestaltet. Neues wuchs zaghaft: Begleitung von Kranken als neues Aufgabenfeld, Fotografieren als künstlerischer Ausdruck. Die Wunde blieb. Beeindruckt hat Klaus dadurch, wie er mit seiner Verletzlichkeit umging und durch die Sensibilität, mit der er verletzten Menschen begegnete. Seine Verwundbarkeit lud ein, dass andere die ihre zeigen konnten. Letzten Sommer starb er an einer Krebserkrankung. Die Wunde hat ihn begleitet – aber für wie viele Menschen hat sie zu strahlen begonnen!

Was hofft man angesichts tragischer Durchkreuzungen? Für Paolo dall'Oglio hoffe ich, dass er lebt, aber mehr noch, dass das Pascha-Mysterium seine verwandelnde Kraft entfalten möge. Etwas davon ist vielleicht schon spürbar, wenn Menschen nicht nur für Pater dall'Oglio hoffen, sondern durch ihn in der Hoffnung gestärkt werden. So schreibt Navid Kermani über ihn: »Er lehrte uns Hoffnung – in dieser, aber auch auf die andere Welt.«[7]

Geläuterte Hoffnung

Überzeugt war Esther Maria Magnis, felsenfest überzeugt davon, dass ihr Vater wieder gesund werden würde. Ihre Geschichte erzählt sie in dem Buch »Gott braucht dich nicht. Eine Bekehrung«[8]. Früher hatte sie nicht wirklich viel gebetet, aber als mit der Krebsdiagnose ihres Vaters ihre Welt zusammenbrach, entdeckte sie eines Tages in einer staubigen Dachkammer das Beten. Und dieses Beten war erstaunlich. Eine Präsenz lag in ihm und ein Gehörtwerden und ein Trost. Auch als sich der Zustand ihres Vaters drastisch verschlimmerte, war Esther sich sicher: Gott würde ihn heilen. Ihr Vater starb an einem Ostersonntagmorgen. Esther war 16 Jahre alt. Der Schock zerbrach ihren Glauben und beinahe ihre Existenz. Nach langen dunklen Jahren fand sie ihn wieder. Da traf ein neuer Schlag ihre Familie: Ihr kleiner Bruder hatte Krebs. Das Hoffen und Beten begann von vorn, doch dann wurde alles anders …

Meist wissen wir sehr genau, worauf wir hoffen. Neben den kleinen Hoffnungen gibt es die großen: Gesundheit, Glück und langes Leben. Damit sind auch die Ziele benannt, zu denen wir – bewusst oder unbewusst – unterwegs sind. Ignatius von Loyola geht im »Prinzip und Fundament« in seinem Exerzitienbuch die Sache radikal anders an. Für ihn ist der Mensch »dazu hin geschaffen, Gott zu loben, ihm Ehrfurcht zu erweisen und zu dienen und mittels dessen seine Seele zu retten«. Mit anderen Worten: Das Ziel des Menschen ist Gott, Erfüllung bei ihm, Gemeinschaft mit ihm. Alles andere, selbst das, was uns am Erstrebenswertesten erscheint, hat sich diesem Ziel unterzuordnen.

Was der Exerzitienweg auf konzentrierte Weise will, ist gleichzeitig Lebensaufgabe jedes glaubenden Menschen: den eigenen Willen mit dem Wunsch Gottes für mich immer mehr in Einklang zu bringen. Das heißt, mehr und mehr alle Lebensbereiche dem Wirken Gottes zu öffnen und ihm zu vertrauen. Und es heißt auch, sich von all dem zu lösen, was ihm nicht entspricht. Hemmende Quertreiber gibt es vielerlei: Der Extremfall »ungeordneter Neigungen«, wie Ignatius sie nennt, sind Süchte; aber auch scheinbar harmlosere Varianten wie das Bedürfnis, zu kontrollieren, Recht zu haben, im Mittelpunkt oder gut dazustehen, engen nicht nur die Lebens- und Beziehungsmöglichkeiten ein, sondern trüben auch das Leben mit Gott. Das hebräische und das griechische Wort für Sünde meint ursprünglich »Verfehlung eines Ziels« und drückt damit schon aus, dass Sünde Menschen vom eigentlichen Ziel abbringt. Schuld ist belastend – das weiß jeder, der Schuld auf sich geladen hat –, belastend für einen selbst, in der Beziehung zu anderen, in der Beziehung zu Gott.

Manch einer mag sich vielleicht ganz gut an den dunklen Aspekten der eigenen Persönlichkeit und Lebensgeschichte vorbeischwindeln. Es gibt aber Momente, in denen das plötzlich nicht mehr geht. »Herr, geh weg von mir, denn ich bin ein Sünder!« (Lk 5,8), sagt Petrus zu Jesus nach dem wunderbaren Fischfang. Religiöse Erfahrung birgt oft ein Moment des Erschreckens in sich. Wenn der Himmel die Erde berührt, wenn Göttliches in das Menschliche einbricht, dann mag sich zeigen, was im Menschen steckt: nicht nur Heiles und Gutes, sondern auch Dunkles und Verstricktes. Die Antwort der Religionen auf diese Erfahrung ist die Idee der Reinigung. Riten, Gesetze, Gebete und Übungen sollen dem Menschen helfen, auf dem Weg der Reinigung voranzuschreiten, sodass das Göttliche mehr und mehr Raum gewinnen kann. Es gibt auch säkulare Varianten: das Schlagwort von der Psychohygiene, der Boom von Entschlackungs- und Fastenkuren zu Frühlingsbeginn. Das Bewusstsein, dass uns nicht alles guttut, dass Körper und Seele immer wieder der Reinigung bedürfen, dass Reifen auch mit dem Lösen von Dingen und Gewohnheiten zu tun hat, ist postmodernen Menschen nicht fremd.

Die Kirche verwendet für diesen Löse- und Reinigungsprozess den Begriff der Läuterung und bezieht sich dabei auf ein Bild (vgl. 1 Kor 3,12–15): Metall wird im Feuer geläutert. Nach und nach fallen die weniger edlen Anteile weg, bis am Schluss reines Gold übrig bleibt. So mögen auch im Leben des Menschen nach und nach die weniger geordneten Neigungen wegfallen, mögen Egoismus und Misstrauen, Schuld und Sünde getilgt werden, bis der Mensch voll und ganz zu dem wird, der er von Gott her ist – gerufen zur Gemeinschaft mit ihm. Daraus wird schon deutlich, dass der Mensch in diesem Prozess nicht nur einen aktiven Part hat, sondern dass es ganz wesentlich auch um Lassen geht – geschehen lassen, loslassen, überlassen.

In den vergangenen Jahrhunderten hat die Kirche diesen Prozess sehr stark im Jenseits (»Fegfeuer«) angesiedelt. Heute sehen wir stärker, dass Läuterung wesentliche Dimension auch des irdischen Lebens ist. Deutlich wird das an Krisensituationen. So hart das ist, in

Krisensituationen liegen auch Wachstumschancen. Krisen können Kurskorrekturen provozieren. Menschen sind fähig, sich in vielerlei zu verrennen. Gewohnheit führt oft zu Bequemlichkeit und verhindert nach und nach Wachstum und Lebendigkeit. Eine Erschütterung kann Tieferliegendes, Eigentliches zum Vorschein bringen. Ich schreibe diese Sätze mit großer Vorsicht, denn diese Prozesse sind schmerzhaft und können Menschen an ihre Grenzen bringen. Und es gibt diejenigen, die sich in ihrer Trauer verfangen, die an einem Schicksalsschlag zerbrechen, für die die Rede von Wachstum in der Krise blanker Hohn ist.

Aber es gibt auch Geschichten, wie Esther Maria Magnis sie erzählt: Kurz nach der Diagnose und in tiefster Verzweiflung begann ihr Bruder in einem unwirtlichen Keller als ungläubiger Mensch ein Vater Unser und beendete es als Glaubender. Von diesem Moment an begann sich die Perspektive zu verändern. Johannes wurde von einer solchen Leidenschaft zu Gott gepackt, dass alles andere in den Hintergrund trat. Die Schmerzen wurden nicht weniger, auch nicht der Lebenswille und der Wunsch, die Krankheit zu besiegen, und doch ... Gott und seine Nähe und sein Wille stellten alles andere in den Schatten. Esther Maria Magnis schreibt: »Eine Hierarchie war das, in der unsere Wünsche und unser Wille ganz klar da waren, ganz klar zählten, aber wir hielten sie auf einmal nicht mehr so hoch. Wir waren Könige in diesen Zeiten des Glücks, die sich in jenen Tagen vom Frühstück bis zum Abendbrot und in die Nacht hinein zogen. Nackte Könige, die ihre Reiche verloren hatten, und kein plauderndes Wort drang mehr an unser Ohr, niemand, der uns die neue Ordnung erklärte, aber wir glaubten ihr. Weil sie zu den Wahrheiten dieser Welt gehört.

›Nur noch Gott‹, schrieb ich in mein Tagebuch. Nur noch Gott. Und so dachten und beteten wir uns nicht in einen Himmel hinein, sondern wir litten und freuten uns, wir warteten und liebten in seiner Gegenwart hier unten, wo wir Menschen alle sind. In der Welt. Die vollkommen offen war.«[9] Als Johannes kurz vor Weihnachten mit 23 Jahren in der Nacht starb, träumte Esther, grinsend, nein strahlend stehe er vor ihrem Bett und verabschiede sich von ihr.

Diese Geschichte lässt mich staunen und schweigen. Sie stärkt in mir den Glauben, dass man das, was Ignatius schreibt, wirklich erfahren und leben kann. Dass gesund zu sein und ein langes Leben zu haben nicht die letztwichtigen Hoffnungen sind. Denn auch unsere Hoffnungen bedürfen der Läuterung. Und wer sich auf diesen Weg einlässt, wird zu einer inneren Freiheit geführt.

Himmel

Einer meiner Kollegen, Pastoralreferent, bezeichnete sich, was den Glauben an das Jenseits betrifft, als Agnostiker. Gläubig war er natürlich, er schöpfte Kraft aus der Beziehung zu Gott und hatte Freude daran, ihn zu verkündigen – ich erinnere mich an packende Predigten –, aber was den Himmel betrifft … da war er sich nicht sicher. Dann kam der kleine Jakob auf die Welt. In den Armen seiner Eltern lebte er sechs Minuten lang. Mit einem Schlag war das, was hinter der Grenze des Todes kommt, nicht mehr Gegenstand von philosophischen Debatten oder Gedankenspielen. Himmel war für Gerhard selbstverständlicher, notwendiger und tröstender Ort für seinen Sohn geworden. Seine Zweifel waren der Gewissheit gewichen, dass die

Grenze seines Erkennens und Begreifens nicht die Grenze der Wirklichkeit ist.

Während in den vergangenen Jahrhunderten in der Verkündigung die letzten Dinge – Himmel, Hölle, Fegfeuer und Gericht – einen zentralen Raum einnahmen, ist die Kirche darüber in den letzten Jahrzehnten recht schweigsam geworden. Hier wirkt sicher noch die unselige Last der Höllenpredigten nach mit dem Versuch, Menschen durch Schreckensbilder und Drohungen zu disziplinieren. Heute ist zwar klarer: Wenn wir als Christen an Hölle – den Versuch, menschliche Freiheit im wahrsten Sinn des Wortes todernst zu nehmen – denken, können wir das (wie Hans Urs von Balthasar in Erinnerung ruft) nicht ohne die Hoffnung tun, dass sie leer ist. Aber die Rede darüber bleibt schwierig. Auch weil sich in einer immer säkulareren Gesellschaft Interesse und Perspektive generell vom Jenseits hin auf das Diesseits verschoben haben. In Bezug auf das Jenseits agnostische Christen sind heute wohl keine Seltenheit.

Damit aber fallen wir in einen anderen Straßengraben: von übergenauem Bescheidwissen in nebulöse Sprachlosigkeit, von einer Jenseitsfixierung zu einer Verabsolutierung des Diesseits. Bischof Franz Kamphaus spricht sogar von einer »Vertröstung auf das Diesseits«.

Es ist aber eine Entlastung, nicht alle Erfüllung in diesem Leben finden zu müssen. Hoffnung braucht beide Perspektiven: auf das diesseitige Leben und auf das Jenseits. Das gilt für die gesellschaftliche Ebene: Was passiert, wenn die Jenseitsperspektive vollends wegbricht, wenn das Paradies systematisch in dieser Welt errichtet werden soll, das hat besonders das real-sozialistische Experiment auf schauerliche Weise gezeigt. Eine Sozialutopie hat sich in ein totalitäres System verwandelt. Wir sind Fortschrittsdenken so gewohnt und von der jahrzehntelangen Erfahrung geprägt, dass das Leben besser, leichter, stabiler und länger wird, dass wir geneigt sind, zu meinen, wir hätten ein Recht auf ein langes, gesundes Leben. Mir ist begegnet, dass der frühe Tod eines Menschen durch Unfall oder Krankheit nicht nur als tragischer Schicksalsschlag wahrgenommen wird, sondern als Unrecht erscheint. Bei allem Erschauern vor tragischen Wendungen: Haben wir wirklich ein Recht darauf, das Alter der durchschnittlichen Lebenserwartung unseres Landes zu erreichen, und darauf, dass Lebenserwartung und -standard beständig steigen? Wenn nach dem Tod nichts mehr kommt, können die Ansprüche an dieses Leben ins Unendliche wachsen.

Die sinnvolle und fruchtbare Verschränkung der beiden Dimensionen von Diesseits und Jenseits bleibt Herausforderung. Einerseits ist die Hoffnung über den Tod hinaus nur dann glaubwürdig, wenn sie sich schon auf der Erde auswirkt. »Die Christen müssten mir erlöster aussehen«, schrieb Friedrich Nietzsche. Der Himmel muss schon in dieses Leben hineinreichen, das Reich Gottes im Hier und Heute anbrechen (vgl. Lk 17,21). Ich erinnere mich an einen Platz in Köln, wo während des Weltjugendtages eine bunte Gruppe miteinander zu Mittag aß. Junge Menschen aus verschiedenen Kulturen und Sprachen, mit unterschiedlichen Anschauungen, Gewohnheiten und Interessen. Eine Gruppe, die sich unter anderen Umständen wohl kaum so zusammengefunden hätte. Ich weiß noch, wie ich dort saß und mir dachte: So irgendwie muss Himmel sein. Das Reich Gottes kann auf unterschiedliche Weisen aufbrechen: Verständnis, das möglich wird, Versöhnung, Verbundenheit über Grenzen hinweg ... Es gibt viele Erfahrungen, in denen etwas vom Reich Gottes spürbar wird, in denen »Himmel« anklingt!

Andererseits hieße das, dass unser diesseitiges Leben im Himmel verankert ist. »Unsere Heimat ist im Himmel«, schreibt Paulus den Philippern (3,20) und benennt damit nicht nur ein Ziel, auf das hin wir unterwegs sind, sondern ein Grundmerkmal christlicher Existenz. Das Wesentliche, Eigentliche, Persönlichste an mir, das, was mich ausmacht, recht über dieses Leben hinaus. Im Kolosserbrief heißt es: »Euer Leben ist mit Christus verborgen in Gott« (Kol 3,3). Was wäre, wenn diese geheimnisvolle Dimension meines Lebens mindestens ebenso wirklich ist wie die Zufälligkeiten, Veränderlichkeiten und Mühen des Alltags?

Abbilder für diese beiden Bewegungen bietet die Liturgie, die ja immer über die sichtbare Wirklichkeit hinausweist und Verbindung schafft zwischen Himmel und Erde. Unterschiedliche Ausprägungen von Liturgie setzen dabei unterschiedliche Akzente. Die westkirchliche Tradition betont die Vergegenwärtigung des Erlösungsgeschehens im Heute, die ostkirchliche stärker die Vorwegnahme dessen, was im Himmel sein wird. Wie bereichernd sind dabei die unterschiedlichen Akzente!

Die Auferstehung zeigt uns, wie Himmel und Erde miteinander verschränkt sind: »Vielmehr sind beide eins, das eine ist die Kehrseite des anderen, die Zeit verhüllte Ewigkeit, die Ewigkeit enthüllte Zeit. Die verklärte, paradiesische Welt ist keine andere als die, in der wir gegenwärtig leben, sie wird nur mit andern Augen betrachtet« (H. U. v. Balthasar). Himmel heißt, dass unsere Existenz eine Richtung hat. Ein Ziel, auf das hin wir unterwegs sind. Die dynamische Kraft dieser Hoffnung muss aber schon in diesem Leben spürbar werden.

Verbundenheit

»Wo das Denken und Hoffen über den Tod hinaus schlechterdings als Vertröstung abgetan wird, wird das Diesseits schließlich trostlos. Denn wer tröstet dann diejenigen, die wir beim besten Willen nicht trösten können? Wer tröstet die längst Verstorbenen? Oder sind sie nichts? Gelten sie nichts? Wer tröstet die Unterlegenen, die zu kurz Gekommenen?« So fragt Bischof Kamphaus[10] und macht damit deutlich, dass christliche Jenseitshoffnung nicht nur eine individuelle, sondern auch eine gemeinschaftliche, universale Dimension hat.

Das menschliche Leben wird durch Beziehungen bedeutsam; Beziehungen sind so vielschichtig wie das Leben. Bei vielen Verbindungen wissen wir um ihren Wert. Im Buch »Die fünf Menschen, die dir im Himmel begegnen«[11] spielt Mitch Albom hingegen mit der Vorstellung, dass gerade solche Begegnungen wesentlichen Einfluss auf die Lebensgeschichte haben können, die man kaum wahrnimmt oder als unbedeutend abtut. In unserer komplexen und globalisierten Welt sind wir es mehr und mehr gewohnt, vernetzt zu denken. Gerade durch die neuen Medien stehen wir mit so vielen Menschen in Kontakt wie keine Generation vor uns. Wir wissen, dass wir auf vielfältige Weise miteinander verbunden sind und in wechselseitigen Zusammenhängen stehen. »Wenn darum ein Glied leidet, leiden alle Glieder mit«, schrieb der Apostel Paulus an die Gemeinde in Korinth (1 Kor 12,26). Diese Solidargemeinschaft leuchtet uns heute in immer größeren Zusammenhängen ein – konkret danach zu handeln ist dennoch eine Herausforderung, hinter der wir meilenweit zurückbleiben.

Und die Solidargemeinschaft reicht über diese Welt hinaus, wie das Zitat von Bischof Kamphaus in Erinnerung bringt. Nicht nur die Vernachlässigten und Leidenden brauchen unseren Trost und unsere Hoffnungsgemeinschaft, sondern auch die, die schon durch den Tod hindurchgegangen sind. Diese Vorstellung mag fremd anmuten. Sie gründet im christlichen Glauben, dass wir – die Menschen aller Zeiten – auf ein Ziel hin unterwegs sind, auf das hin wir geschaffen sind. Besonders angesichts verkorkster Lebensgeschichten und tragischer Todesfälle kann der Gedanke trostvoll sein, dass Läuterung, die eine wesentliche Dimension dieses Weges ist, auch noch durch den Tod hindurch und über den Tod hinaus stattfinden kann. Das, was verwundet, gebrochen, verbogen, erstarrt ist, muss noch heil werden. Wo und wie das geschehen kann? Die katholische Tradition lädt uns ein, die Grenzen unserer Vorstellung über Raum und Zeit hinweg zu öffnen.

Eine gemeinschaftliche Hoffnung bewirkt eine universale Solidar- und Weggemeinschaft. Und sie entwickelt eine universale Vision des Ziels. Dass die einzelnen Verstorbenen bei Gott ankommen, ist noch nicht genug, ist noch nicht das Ende. Christliche Theologie spricht daher vom Gericht. Was über Jahrhunderte Angst und Schrecken ausgelöst hat, kann für die, die nicht auf die eigene Gerechtigkeit hoffen, sondern alles von Gott erwarten, eine zutiefst hoffnungs- und trostvolle Vorstellung sein: Einmal wird der Tag kommen, an dem wahrhaft und nicht nach menschlichen

Maßstäben Recht geschieht. Alle Halbheit, Vorläufigkeit, Tragik dieser Welt wird ein Ende haben. Neid, Gewalt und alles Böse werden gerichtet werden. Jedes kleinste und verborgenste Bemühen um Aufrichtigkeit und Großzügigkeit wird gesehen werden. Alles Geschundene und Gequälte, alle Unterdrückten werden aufgerichtet werden. Alle unsere Maßstäbe werden durcheinandergeschüttelt und unsere Erwartungen übertroffen werden. Die ganze Schöpfung wird erleichtert aufatmen (Röm 8,19–22) – und endlich verwandelt und befreit werden. Dann werden alle Tränen von den Augen abgewischt werden. Der Tod wird nicht mehr sein, keine Trauer, keine Klage, keine Mühsal (Offb 21,4). Nichts Geringeres dürfen wir hoffen – nicht nur für uns, sondern für alle. Das Urbild dieser universalen Hoffnung leuchtet schon im Alten Testament auf: »Am Ende der Tage wird es geschehen: Der Berg des Hauses des HERRN steht fest gegründet als höchster der Berge; er überragt alle Hügel. Zu ihm strömen alle Nationen« (Jes 2,2). Die Realisierung dieser Verheißung bleibt noch ein Geheimnis. Aber sie ist Einladung, die Grenzen unserer Hoffnung immer mehr zu weiten.

3. Hoffnung begleiten

Wem glaubt man, was er sagt?

Meinen allerersten Einkehrtag als junge Theologin habe ich für eine Gruppe Senioren gehalten. Naiverweise hatte ich geplant, mit einer kurzen Vorstellrunde zu beginnen und dann ins Thema einzusteigen. Die kurze Vorstellrunde hat dann den ganzen Vormittag gedauert, und am Schluss war eine wunderbare Vielfalt an Lebensgeschichten im Raum. Was mir im staunenden Zuhören aufgefallen und bis heute eine Lehre geblieben ist: Diese alten Menschen hatten nicht die leichtesten Schicksale, alle haben auch von Verlusten, von Schwerem und Traurigem gesprochen. Aber auch davon, wie sie damit umgegangen sind und neuen Mut geschöpft haben. Bei niemandem habe ich Hoffnungslosigkeit gespürt. Die Dankbarkeit und Güte, ja Lebensfreude, die viele ausgestrahlt haben, hat mich – mit Anfang zwanzig – tief berührt. An diesem Tag wurde mir klar: Ob ich ein froher und hoffnungsvoller Mensch werde, hängt nicht nur vom Schicksal oder vom mitgegebenen Naturell ab, sondern es geht um Haltungen, die man einüben kann und muss. Und ich habe mir vorgenommen: So wie diese Senioren möchte ich auch einmal werden, wenn ich alt bin. Seither übe ich …

Dass ich etwas später in eine Ordensgemeinschaft eintreten würde, deren Name auf Chinesisch »Gemeinschaft derer, die die Hoffnung retten« lautet, und dass ich noch viele Durchgangswege hin zur Hoffnung würde begleiten dürfen, wusste ich damals noch nicht. Inzwischen ist mir eine Wendung aus den Konstitutionen der Helferinnen – »Den Menschen helfen, das

Ziel ihrer Erschaffung zu erreichen«[12] – zu einer persönlichen Richtschnur in der Begleitung anderer geworden.

Wer andere Menschen authentisch begleiten will, muss authentisch sein und sich bemühen, selbst zu einem glaubenden, liebenden und eben auch hoffenden Mensch zu werden. Wie alles im geistlichen und menschlichen Leben ist das ein Prozess und letztlich ein Geschenk. Und doch braucht es auch das eigene Zutun und ehrliche Ringen. Es braucht die Verarbeitung der eigenen Enttäuschungen und Verluste. Es braucht eigene Begleitung, Psychohygiene und Aufrichtigkeit. Und ganz besonders braucht es ein unverdrossenes Einüben in die Kunst des Hoffens im täglichen Gebet der liebenden Aufmerksamkeit, das uns dankbar macht und unsere Augen auch für die Geschenke des Lebens, das Gute, Gelungene, Schöne, Geheilte, Lebensfördernde öffnet.

Ob Seelsorger, Nachbarin, Ehepartner oder Freundin – wer in irgendeiner Weise andere hilfreich begleiten möchte, muss das Vertretene, Gesagte selbst bezeugen. Begleiter, die selbst empfinden, leben und ausstrahlen, wovon sie sprechen, tun gut! Gerne wäre ich eine »Helferin zur Freude« und würde ich in meinem Begleiten und in meinem Alltag Synergien der Hoffnung schaffen. Wie der Apostel Paulus es vorschlägt: »Wir wollen nicht Herren über euren Glauben sein, sondern wir sind Mitarbeiter/Helfer (griechisch σψνϵργϵτοι[13]) eurer Freude« (2 Kor 1,24).

Hoffnungsblick

Aus einer Haltung der Hoffnung heraus andere begleiten – das konkretisiert sich auch in der Weise, wie ich den Menschen begegne, mit welchem Blick ich sie anschaue. Es gibt ja viele und auch durchaus egoistische Arten, wie ich andere sehe. Ich empfinde es als eine schöne Gewohnheit und Übung für mich selbst, am Beginn von Begleitgesprächen in einer kurzen Stille von Gott zu erbitten, dass er meinen Blick läutern möge, damit ich lerne, die andere oder den anderen immer mehr mit den Augen Gottes anzuschauen, mit einem guten Blick, der an die Entwicklungsmöglichkeiten in diesem Menschen, an das Gute in ihm glaubt. Mir bewusst werden: Im ihm, in ihr liegt – vielleicht tief im Innern angelegt und verborgen – das Bild dessen, der er oder sie von Gott her werden kann und darf. Es ist eine Übertragung des von Ignatius zu Beginn jeder Betrachtung vorgeschlagenen Vorbereitungsgebetes für die menschliche Begegnung in der Seelsorge: die Bitte um lautere Absicht. Es ist auch das Bemühen um die Haltung, die er im Exerzitienbuch Nr. 22 nennt: dem anderen mit einer Art positivem Vorurteil, mit vorauseilendem Wohlwollen zu begegnen – in der Hoffnung, es möge sich bestätigen. Vielleicht kann man, sehr menschlich gesprochen, sagen, dass Gott selbst die Menschen mit einem hoffnungsvollen Blick ansieht. Gott »hofft« und »glaubt«, dass der Mensch sich zum Guten hin entfaltet, dass er wachsen kann, dass er sich für Leben, Heil und Glück und nicht für Tod, Unheil und Unglück entscheidet (vgl. Dtn 30,1). Als Seelsorgerin suche und sehe ich im anderen etwas, dass sie oder er selbst vielleicht (noch) nicht sieht. Ich verbünde mich gleichsam mit dem Teil im anderen, der der Sehnsucht Gottes entspricht.

Heilsgeschichte hier und heute

Hat Gott seine Heilsgeschichte mit den Menschen vor 2000 Jahren gewirkt – und das war's dann? Nachzulesen in einem Buch namens Bibel? Hoffend begleiten – das heißt auch, daran zu glauben, dass Gott selbst gerade im Begriff ist, heute, hier, mit diesem Menschen, der vor mir sitzt, eine Heilsgeschichte zu schreiben.

Das Menschenbild, das der Personenzentrierten Psychotherapie zugrundeliegt, geht davon aus, dass die Lösung oder Antwort für ein im Gespräch benanntes Problem letztlich immer im Klienten selbst verborgen liegt. Die beratende Person muss keine Lösung vorlegen, keine Ratschläge erteilen und keine Antworten wissen, sondern »nur« dem anderen helfen, sein Inneres besser wahrzunehmen und so die eigenen Ressourcen, Antworten und Entscheidungen zu finden.

Auch als Seelsorgerin bin ich nicht die große Macherin. Ich muss und darf auf vorschnelle Lösungen und Antworten verzichten. Vielleicht sind sie zu billig und werden der Schwere der Situation nicht gerecht. Vielleicht will Gott mit diesem Menschen andere Wege oder ein anderes Tempo gehen, als ich mir einbilde. Wer begleiten will, tut gut daran, nicht zu schnell eine Deutung anzubieten. Von den Freunden des Hiob heißt es: »Sie saßen bei ihm auf der Erde sieben Tage und sieben Nächte, keiner sprach ein Wort zu ihm. Denn sie sahen, dass der Schmerz sehr groß war« (Ijob 2,13).

Auf jeden Fall habe ich nicht das Recht, mir ein »Wissen« über das Geheimnis der anderen Person oder über die Wege Gottes mit ihr anzumaßen. Es ist entlastend: Ich muss als Seelsorgerin das Wesentliche nicht selbst machen. Was Carl Rogers in der Personenzentrierten Therapie die Lösung in der Person selbst nennt, dafür hat Ignatius von Loyola das wunderschöne Wort geprägt, man solle in der Exerzitienbegleitung »den Schöpfer mit seinem Geschöpf wirken« (EB 15) lassen und sich nicht in diese feinen und höchst persönlichen seelischen Vorgänge einmischen. Wie bewusst ich auch die eine oder andere Interaktion setzen mag – wenn ich andere in der Haltung der Hoffnung begleite, darf ich mir jeden Messiaskomplex abschminken. Ich darf darauf vertrauen, dass ich nicht Alleinunternehmerin bin, sondern dass die Letztverantwortung immer noch bei Gott liegt. Oder wie eine Theologiestudentin, die ich begleiten durfte, es einmal ausgedrückt hat: Sie freue sich so auf ihren Magisterabschluss, denn dann dürfe sie »Mag.« vor ihren Namen schreiben. Auf mein einigermaßen erstauntes Nachfragen – da ich sie als nicht sehr Titel-verliebt eingeschätzt hatte – erklärte sie mir: »›M-A-G‹ – das wird mich immer daran erinnern, dass ich ›Mit-Arbeiterin-Gottes‹ bin!« Genau das sollen Seelsorger sein: nicht Chefs eines eigenen Unternehmens, sondern Mitarbeiter Gottes, auf dessen Initiative wir hoffend setzen.

Wie Gott mir, so ich dir

Es gibt auch viele Situationen, in denen ich stellvertretend für andere hoffen muss. Während der Begleitung in schweren, verworrenen, manchmal aussichtslos scheinenden Situationen stoßen wir, menschlich gesehen, an Grenzen. Vielleicht bringt die oder der andere selbst keine Hoffnung mehr auf. Das kann in den ganz dunklen Stunden des Lebens sein: Ein Kind oder der geliebte Partner stirbt, jemand hat eine schlimme Diagnose erfahren, die Schmerzen wollen nicht aufhören, der Glaube an Gott scheint verdunstet zu sein, ein geliebter Mensch hat einen völlig unerwartet zutiefst enttäuscht … Es kann aber auch insofern eine Grenzsituation sein, als jemand zum hundertsten Mal an die gleiche Grenze eigener Unzulänglichkeit stößt oder sich durch den alltäglichen Sand im Getriebe der Ehe, der Arbeitsstelle, der Gemeinschaft zermürben lässt. Dann heißt es für die Seelsorgerin, den Seelsorger, stellvertretend zu hoffen. Mutlosigkeit aushalten. Dableiben, auch wenn es schwer ist. Die Trauer nicht überspringen – und doch nicht verzweifeln, weil uns die Zuversicht geschenkt ist, dass letztlich alles gut wird. Wie eine schwerkranke Mutter dreier minderjähriger Kinder, die sich eine Woche vor ihrem Tod aus tiefer Überzeugung taufen ließ, es bezeugt hat: »Am Ende wird alles gut. Und wenn es nicht gut ist, ist es nicht das Ende« (Oskar Wilde).

Eine tiefe Erfahrung, stellvertretend hoffen zu dürfen, mache ich in der Begleitung Sterbender im Hospiz: Immer wieder handelt es sich bei den Patientinnen und Patienten, die ihren letzten Weg zu gehen haben, auch um Menschen, die sich mir gegenüber als agnostisch oder atheistisch deklariert hatten, manchmal auch um hadernde, mit sich, den Verwandten oder Gott unversöhnte Menschen. Das große Geheimnis eines Sterbeprozesses, dem man eigentlich nur mit demütiger Ehrfurcht begegnen kann, verbietet jegliches »Wissen« über das, was in diesen letzten Stunden in einem Menschen oder zwischen Gott und ihm passiert. Aber ich sitze dann am Bett des Sterbenden, halte manchmal seine Hand, atme mit ihm und richte meinen inneren Blick auf Christus, von dem ich hoffe und glaube, dass er, der sich in Übergängen und im Dunklen auskennt,

diesem Bruder, dieser Schwester mit ausgebreiteten
Armen entgegenkommt …

System je nachdem

Eine wesentliche Aufgabe von Seelsorge und Begleitung ist die Hilfe zur Unterscheidung der Geister, wo
sich Spannungsfelder auftun:

a) Zwischen Resignation und Illusion

»Ich kann das einfach nicht«, »Das wird sich nie ändern«, »Ich bin halt so«, »Was kann ich denn da noch
erwarten?!« – Es gibt diese Resignation, die alles durch
eine dunkle Brille sieht, Veränderungen nicht wahrnimmt oder ihnen nicht traut, sich selbst und anderen
keine Entwicklungsmöglichkeiten zugesteht.
Verzerrungen sind aber auch in die andere Richtung
möglich: Es gibt so etwas wie falsch verstandene Hoffnung, die ebenfalls den Blick trübt und den Schmerz
der Realität vermeiden will. Von realitätsferner Zeit-
planung (»das krieg ich schon noch alles hin«) bis zu Illusionen im Umgang mit Süchten (»Wenn er meine
Liebe merkt, wird er sicher einmal aufhören zu trin-
ken«) reicht hier die Palette.
Begleiter müssen dann mit Klugheit und geistlicher
Unterscheidung dem anderen Menschen helfen, mehr
zu sehen, den jeweils blinden Fleck etwas auszuleuch-
ten, vielleicht die typische Schlagseite in der eignen
Persönlichkeitsstruktur zu erkennen und entsprechend
gegenzusteuern. Wenn jemand zu resignieren droht:
den Blick weiten, zum Glauben an die verändernde
Gnade Gottes ermutigen, zum Durchhalten helfen, an
gemachte gute Erfahrungen in der Vergangenheit er-

innern und klarmachen, dass die Durststrecke nicht ewig dauern und die Zukunft wieder anderes bringen wird.

Wenn jemand sich Illusionen macht: zum rechten Zeitpunkt behutsam konfrontieren, zu einem ehrlichen Blick einladen, Mut machen, sich der Realität zu stellen und die Wirklichkeit, wie sie ist, zunächst einmal wahr- und anzunehmen.

b) Verletzung und Heilung, Schuld und Vergebung

Auch das Dunkel von Verletzung und Schuld kann die Hoffnung untergraben. Dann gilt es, in der Begleitung gemeinsam mit dem anderen Schmerz und Traurigkeit zuzulassen, auszuhalten und zum rechten Zeitpunkt auch loszulassen. Das Angebot von Ritualen bis hin zum Sakrament der Versöhnung kann hier sehr hilfreich sein. Eine besondere Aufgabe ist es, im Trauer- und Versöhnungsprozess den Schmerz einerseits nicht abzukürzen, andererseits zu gegebener Zeit auch wirklich zur Versöhnung, zum Vergeben und zur Bitte um Vergebung einzuladen.

c) Selber machen oder auf Gott vertrauen

Es gibt Menschen, die nach Helmut Qualtingers Motto »Der Papa wird's scho' richten« Gott alle Verantwortung für den Verlauf der Dinge zuschieben und dabei die Hände in den Schoß legen. Andere sind in Gefahr, in hektischem, atemlosem Aktivismus alle eigenen und fremden Angelegenheiten selbst in die Hand zu nehmen. Die aufmerksame Unterscheidung einer Begleiterin, eines Begleiters kann helfen, dass Menschen auf dem Weg der Hoffnung bleiben und nicht in den einen oder anderen Straßengraben abrutschen. Sich als Christ im Dienst Jesu gesendet zu wissen beinhaltet das Bewusstsein vom feinen Zusammenwirken der Gnade Gottes mit dem Tun von uns Menschen. In all unserem Engagement für andere haben wir »keine andere Sicherheit als die Großzügigkeit Gottes«[14]. In einer eigenwilligen und paradoxen Formulierung bringt es der heilige Ignatius auf den Punkt: »Wir müssen so auf Gott vertrauen, als ob alles von uns und nichts von Gott abhinge. Wir müssen unsere Kräfte aber so einsetzen, als ob alles von Gott und nichts von uns abhinge.« Richtiges Engagement hofft also immer zugleich auch auf Gott als den eigentlichen »Macher«, und richtiges Gottvertrauen fordert zum Einsatz aller Kräfte heraus. Diese Unterscheidung soll seelsorgliche Begleitung unterstützen.

d) Den Kairos erspüren

Die Dinge schleifen lassen, skrupulöses Zögern, Übereilung – auch davon können Lebensprozesse geprägt sein. Deshalb braucht es in der Begleitung das Gespür für den rechten Zeitpunkt und die Gabe zu unterscheiden, wann eigene Aktivität, wann vertrauende Empfänglichkeit dran ist und wie die beiden zusammengehen. So kann es beispielsweise auf dem Weg zu einer Entscheidung wichtig sein, aktiv alle möglichen Informationen einzuholen, Argumente und Gegenargumente zu sammeln, Dinge auszuprobieren oder umzusetzen etc. Es gibt aber auch die Phasen des Betens und Wartens, die Zeiten, in denen etwas reift oder uns zufällt. Beides ist wichtig für ein Leben aus der Hoffnung. Vielleicht muss die Begleitung den anderen, der langsam ungeduldig wird, bremsen in einer übereilten, unreifen Entscheidung und mit ihm hoffen, dass Gott die Lösung, die Heilung, die Klärung in der Zukunft zum rechten Zeitpunkt schenken wird. Vielleicht ist aber auch Ermutigung dran, den Stier bei den Hörnern zu packen.

e) Blick aufs Wesentliche

Ähnlich ist es auch mit der Spannung, wenn sichtbarer Erfolg ausbleibt. Seelsorgliche Begleitung, die dem anderen hilft, mehr zu sehen, eröffnet eine Perspektive der Hoffnung im Sinn eines unterscheidenden Blicks, worauf es wirklich ankommt. Ein wunderbares Beispiel einer Bekehrung vom schwermütigen Selbstzweifel zur Hoffnung gibt uns Peter Faber, einer der ersten Gefährten des heiligen Ignatius. »Ich müsste in meinem Apostolat doch mehr Erfolg haben! Ich müsste doch mehr von Gott spüren und tiefere Gebetserfahrungen haben! Ich müsste doch in meinem Bemühen, ein besserer Mensch zu werden, schon viel weiter sein und nicht immer wieder an denselben Dingen scheitern!« – solche und ähnliche Gedanken quälten ihn. Was ihm, der auch mit depressiven Verstimmungen zu kämpfen hatte, in der betenden Selbstreflexion geschenkt wurde, kann als starkes Bild für uns selbst, aber auch als Leitstern für die seelsorgliche Begleitung anderer, die sich um ein geistliches Leben mühen, herhalten. Faber schlägt vor, statt auf die sichtbaren, der raschen Veränderung unterworfenen Blätter und Blüten und die Größe eines Baumes zu schauen, sich mehr auf die normalerweise unsichtbare, aber den Baum tragende und Bestand sichernde Wurzel zu konzentrieren. Er kehrt das Bild des Baumes um, lässt ihn tief im Himmel wurzeln und ermutigt, Halt zu suchen in einer Hoffnung, die über dieses Leben mit seinen augenscheinlichen Erfolgen oder Misserfolgen hinaus ausgerichtet ist auf Frucht, die bleibt.[15]

Hoffnungsetüden

Als Seelsorgerin insbesondere in der Exerzitien- oder Geistlichen Begleitung gehe ich an der Seite von Menschen, die sich auf einem Übungsweg befinden. Das bedeutet, ich begleite ein Hoffnungsgeschehen, und ich ermutige dazu. »Übung als Akt der Hoffnung«, so hat Alex Lefrank das Unterwegssein im geistlichen Leben einmal genannt. Freilich sind Geistliche Übungen, etwa das Einüben ins Gebet, zuerst und vor allem ein Beziehungsgeschehen. Aber wie beim Musizieren oder im Sporttraining geht es bei Geistlichen Übungen auch um ein aufmerksames Ausführen einer Tätigkeit und um die Mühe des oftmaligen Wiederholens. Das kostet zwischendurch Anstrengung und Überwindung, Ausharren und sogar Langeweile. Aber es gibt auch immer wieder so etwas wie Sternstunden – ein Angeld der Erfüllung, einen freieren Blick auf das Ziel. Üben als Akt der Hoffnung lebt von der Erinnerung an gute Erfahrungen und von der Gewissheit, dass sich die Mühe lohnt, weil Sehnsucht erfüllt und solche Erfahrungen von neuem geschenkt werden können. Aus solcher Hoffnung heraus übt der Übende, die Hoffnung motiviert ihn zur Geduld, diesem »langen Atem der Leidenschaft«, wie Eberhard Jüngel es einmal ausdrückt. Aufgabe des Begleiters, der Begleiterin ist es, ihm oder ihr zu helfen, mehr zu sehen und im »Noch-nicht« das »Schon« aufzuspüren. Es gilt, diese hoffende Gewissheit, die uns ja nicht einfach mit der Taufe in die Wiege gelegt ist, am Leben zu halten, an gemachte gute Erfahrungen zu erinnern und den Blick aufs Ziel, auf die Verheißung und Erfüllung zu lenken. Hoffnung will begleitet und eingeübt werden.

4. Ein Übungsweg

Welcher Hoffnung folge ich? Zu welcher Hoffnung fordert Gott mich heraus? Die folgenden Übungen sind weniger zum Lesen gedacht denn als eine Einladung, sich für die eine oder andere persönliche stille Zeit eine der Anregungen zu wählen oder über einen längeren Zeitraum hinweg die persönliche Gebetszeit mit Hoffnungstexten und -übungen zu gestalten – oder/und z. B. in der Advents- oder Fastenzeit ein besonderes Hoffnungslicht aufzusetzen. Der Übungsweg ist ähnlich wie Konzepte für Exerzitien im Alltag gestaltet. Schrifttexte und andere Impulse geben Anregungen für einen Übungsweg über vier Wochen, genauso ist es möglich, nur einzelne Übungen herauszugreifen bzw. zu wiederholen.

Erste Woche: Hoffnung aufspüren

In dieser ersten Woche geht es darum, die Hoffnungsspuren im eigenen Leben in den Blick zu nehmen.

1. Dem Stern folgen

Meditationsimpuls
Mt 2,1–9: Die Sterndeuter aus dem Osten folgen dem Stern und finden das Kind in der Krippe. »Und der Stern, den sie hatten aufgehen sehen, zog vor ihnen her bis zu dem Ort, wo das Kind war; dort blieb er stehen. Als sie den Stern sahen, wurden sie von sehr großer Freude erfüllt.«

Anregungen zur Vertiefung
Ich stelle mir die Szene bildlich vor, die Sterndeuter und den Stern, Herodes, das Kind ... und versetze mich in sie hinein.

Ich beziehe die Stelle auf mich: Sterne, denen ich folge/gefolgt bin ...

Herodes: Was mich von meinem Ziel abbringt, Irritationen, Widerstände?

Welchem Stern will ich heute folgen? Ich versuche, ihm einen Namen zu geben.

2. Eine Zukunft und eine Hoffnung

Meditationsimpuls
Jer 29,11–14: Gott hat Pläne des Heils mit uns: Er will uns eine Zukunft und eine Hoffnung geben.

Anregungen zur Vertiefung
– »Pläne des Heils« für mich: Was regt sich in mir, wenn ich das höre? Freude? Zweifel? Hoffnung?
– Ich nehme mir Zeit, meinen Plänen und Hoffnungen nachzuspüren. Was bringt mich in Bewegung? Welches Ziel ist mir viel Einsatz wert?
– Ich stelle mir vor, dass ich an meinem Lebensende auf mein Leben zurückschaue: Was möchte ich gerne sagen können von mir? Worum möchte ich mich gemüht haben?

3. »L'Espérance« – »Die Hoffnung«

Meditationsimpuls
Die Statue »L'Espérance« von Jacques du Brœucq, entstanden 1541–1545 für die Kollegiatskirche St. Waltraud in Mons (Belgien). Eine Abbildung

dieser Statue ist im Internet frei zugänglich unter
https://commons.wikimedia.org/wiki/File:Jacques_D
u_Br%C5%93ucq_-_L%27Esp%C3%A9rance.JPG

Anregungen zur Vertiefung
Ich nehme mir Zeit, die Skulptur zu betrachten und
sie auf mich wirken zu lassen.
Die Statue stellt die Tugend der Hoffnung dar. Wie ist
Hoffnung hier dargestellt? Symbole, Körperhaltung,
Gestik, Mimik, Ausrichtung …
Ich nehme selbst die Körperhaltung der Figur ein und
nehme wahr, wie sich das anfühlt (meine eigene Of-
fenheit, mein Anker, mein Ausgestrecktsein, die Span-
nung in mir …)
Wie würde ich selbst Hoffnung darstellen?

Zweite Woche: Hoffnung, die herausruft

Gott spricht durch die Regungen, durch die Sehnsucht tief im eigenen Inneren. Er ist derjenige, der zu
mir sagt: Es ist gut, dass es dich gibt. Es ist gut, so wie
du bist. Er ist aber auch der, der mich ruft und heraus-
fordert. Er traut mir Neues zu, das meine Vorstellungen und auch meine Hoffnungen übertrifft.

1. Ein unerwartetes Erlebnis

Meditationsimpuls
Lk 5,1–11: Als Simon Petrus auf die Aufforderung Jesu
hin noch einmal hinaus auf den See fährt und un-
glaublich viele Fische fängt, ist er zutiefst erschrocken:
»Herr, geh weg von mir, denn ich bin ein Sünder.«
Und Jesus ruft Simon in seine Nachfolge.

Fragen zur Vertiefung

Ich stelle mir die Szene bildlich vor, versuche, mich in die Szene hineinzuversetzen, und versetze mich in die Person des Petrus. Wie reagiert er? Wie hätte ich an seiner Stelle reagiert?

Jesus hat die Hoffnungen und Erwartungen des Petrus weit übertroffen und ruft ihn aus seiner kleinen Welt in etwas völlig Neues hinein. Gab es solche Überraschungen und Aufbrüche auch in meinem Leben?

Wo rechne ich nicht mehr mit Gott?

2. Eine neue Perspektive

Meditationsimpuls

Lk 13,10–17: Jesus heilt eine Frau, die seit 18 Jahren gekrümmt war.

Fragen zur Vertiefung

Ich stelle mir die Szene bildlich vor und versuche mich in die Frau hineinzuversetzen.

Gekrümmt sein bedeutet, keine freie Sicht zu haben, den Blick eingeschränkt nur auf den Boden richten zu können, die Kraft zu spüren, die nach unten drückt und alles beschwerlich macht. Kenne ich das?

Aufgerichtet zu werden, wieder freie Sicht zu haben, die Weite, den Himmel zu sehen – was könnte das für mich bedeuten?

Habe ich eine Hoffnung in Bezug auf Gott?

Und umgekehrt? Könnte Gott eine Hoffnung für mich haben?

3. Wachsam sein

Meditationsimpuls
Jemand muss nach dir Ausschau halten
zwischen Akten und Konferenzen.
Wer weiß denn schon, wo du auftauchst?
Jemand muss wachen auf den Fluren dieser Welt.
Jemand muss dein Ebenbild erkennen in den Kollegen,
die nichts von dir wissen wollen,
und sie spüren lassen, dass du da bist.
Jemand muss doch in der Kantine daran denken,
dass du es bist, der uns am Leben erhält.
Hoffen ist unser Dienst,
hoffen für viele.
Herr, durch unseren Alltag kommst du in die Welt,
durch unsere Herzen zu denen,
die ohne Hoffnung leben und es nicht einmal wissen.
Jemand muss doch für die beten,
die Glaubende für weltfremde Spinner halten,
und eine Kerze der Hoffnung entzünden,
wenn es nichts mehr zu sagen gibt.[16]

Fragen zur Vertiefung
Wie verbinden sich für mich Glaube und Alltag?
»Hoffen ist unser Dienst«, heißt es in dem Text. Was
könnte mein Dienst sein an dem Ort, an dem ich stehe?
Wachsam sein – was könnte das für mich heißen?
In welchen Situationen könnte ich »eine Kerze der
Hoffnung anzünden«?

Dritte Woche: Um Hoffnung kämpfen und sie läutern lassen

Auf Jesus ruhten die Hoffnungen vieler Menschen, und so manche hatten sehr konkrete Vorstellungen, wie diese Hoffnungen Wirklichkeit werden sollen. Jesus aber ließ sich nicht beirren. Er blieb seiner Ausrichtung auf Gott, seiner Sendung treu. Und die Dinge entwickelten sich sehr anders, als die Menschen wollten, und vermutlich auch sehr anders, als er selbst es sich vorgestellt hatte.

Ein sehr anderer Weg der Liebe bis zum Äußersten, der nicht am Leiden vorbeiführte, aber schließlich ins Leben und ins Licht führte.

1. Der glimmende Docht

Meditationsimpuls
Jes 42,1–9: Das erste Lied vom Gottesknecht. »Das geknickte Rohr zerbricht er nicht und den glimmenden Docht löscht er nicht aus … Neues kündige ich an. Noch ehe es zum Vorschein kommt, mache ich es euch bekannt.«

Fragen zur Vertiefung
Welche dieser Hoffnungsbilder sprechen mich an?
Wenn ich auf die Welt schaue, wo wünsche ich mir dringend Veränderung?
»Mit Zorn und Zärtlichkeit an der Seite der Armen« – das war einmal ein Motto der Befreiungstheologie. Bin ich dem Zorn oder der Zärtlichkeit näher? Wie wünsche und wie schaffe ich Veränderung?
In welchen der beschriebenen Bilder erkenne ich Jesus? Wie hat er gelebt? Welche Prioritäten hat er gesetzt? Was will ich von ihm lernen?

2. Selig, die arm sind …

Meditationsimpuls
Mt 5,1–11: Die Seligpreisungen

Anregungen zur Vertiefung
Was spricht mich an? Gibt es eine Seligpreisung, die
mir besonders gut gefällt, oder eine, die mich stört?
Wenn ich in diesem Zusammenhang auf Jesus schaue,
auf Kreuz und Auferstehung, was kommt mir dazu in
den Sinn?
Meine Hoffnung für diese Welt: Ich nehme einen
Globus oder eine Weltkarte und versuche mir alle Le-
bewesen darauf vorzustellen, die Pflanzen, Tiere und
Menschen. Ich versuche zu erspüren, wie gut und
kostbar diese Welt ist, und auch das Unheile in ihr zu
sehen. Was ist meine Hoffnung für diese Welt?
Ist es leicht oder schwer, Hoffnung zu haben? Was ermutigt mich? Was entmutigt mich?
Ich versuche, mir den Blick Gottes auf diese Welt vorzustellen: Was wird seine Hoffnung sein? Kann ich,
will ich an der Verwirklichung dieser Hoffnung mitar-
beiten?

3. Nicht ausweichen

Meditationsimpuls
»Den Lasten Gottes soll man nicht ausweichen. Sie
sind zugleich der Weg in den Segen Gottes. Und wer
dem herben und harten Leben die Treue hält, dem
werden die inneren Brunnen der Wirklichkeit entsie-
gelt, und ihm ist die Welt in ganz anderem Sinn nicht
stumm, als er ahnen konnte. Die Silberfäden des Got-
tesgeheimnisses alles Wirklichen fangen an zu glänzen

und zu singen. Die Last ist gesegnet, weil sie als Last Gottes anerkannt und getragen wurde« (Alfred Delp).[17]

Anregungen zur Vertiefung
Ich lasse den Text von Alfred Delp auf mich wirken und verweile bei dem, was mich anspricht.
»Lasten Gottes«: Kommen mir dazu Erinnerungen oder Empfindungen aus meinem eigenen Leben?
Ich mache einen Spaziergang und versuche dabei immer nur geradeaus zu gehen. Ich nehme wahr, welche Hindernisse sich mir in den Weg stellen und wie ich darauf reagiere (z.B.: Ich will ausweichen, bin genervt, es scheint mir unüberwindlich, ich will aufgeben …).
Welches Verhalten, das ich aus anderen Lebenssituationen von mir kenne, erkenne ich darin wieder?

Vierte Woche: Hoffnung in die Welt tragen

Christliche Hoffnung kommt am Kreuz nicht vorbei, das Leid wird nicht aus der Welt herausgenommen, aber wir dürfen die Hoffnung haben, dass die Welt verwandelt wird, durch das Kreuz zur Auferstehung, durch den Tod zum Leben, durch Trauer zur Freude, durch Wunden zur Heilung. Glauben heißt, sich von Gott verwandeln zu lassen und diese Verwandlung weiterzutragen. Jesus sendet seine Jünger aus. Ihr ganzes Erleben von Tod und Auferstehung Jesu führt hinein in die große Sendung und Ermutigung zu Pfingsten: Die frohe Botschaft soll zu allen Menschen gelangen.

1. Überraschung

Meditationsimpuls
Joh 20,11–18: Der Auferstandene begegnet Maria von Magdala

Fragen zur Vertiefung
Ich versuche mich in Maria von Magdala hineinzuversetzen:
Fassungslosigkeit und Traurigkeit, die sie gefangen nehmen und sie die Dinge nur wie durch einen Nebel hindurch wahrnehmen lassen, das Angesprochensein und Erkennen, Freude und festhalten wollen, loslassen und sich senden lassen ... Worin finde ich mich wieder?
Auferstehung heißt nicht, dass alles weitergeht wie bisher, sondern dass Neues beginnt. Mit den Augen der Auferstehung sehen lernen – was könnte das für mich bedeuten?
Maria von Magdala richtete den Jüngern aus, was Jesus ihr gesagt hatte. Wem könnte ich von meiner Hoffnung erzählen?

2. Geht hinaus ...

Meditationsimpuls
Mt 26,6–20: Der Auferstandene begegnet seinen Jüngern in Galiläa, er sendet und ermutigt sie: Seid gewiss: Ich bin bei euch alle Tage bis zum Ende der Welt.

Fragen zur Vertiefung
Die Jünger begegnen Jesus in Galiläa, das heißt in ihrer Heimat, dem Ort ihres Alltags.
Einige fallen nieder, einige haben Zweifel. Was liegt mir im Moment näher?

Die Jünger werden gesendet. Was kann es für mich heißen, von meiner Hoffnung Zeugnis zu geben? Ich lasse die Zusage »Ich bin bei euch« auf mich wirken.

3. Ihr seid der Hoffnung Gesicht ...

Meditationsimpuls
Ihr seid der Hoffnung Gesicht,
den Hoffnungslosen Licht,
der Beginn einer neuen Welt.

Ihr seid der Heimat Gesicht,
den Heimatlosen Licht,
der Beginn einer neuen Welt.

Ihr seid der Zukunft Gesicht,
den Ahnungslosen Licht,
der Beginn einer neuen Welt.

Keine neue Welt, die den Himmel verspricht,
keine neue Zeit, die das Heute vergisst,
eine Welt, die leben lässt.[18]

Ich lese den Text und lasse ihn auf mich wirken. Welche Textzeile spricht mich am meisten an? Welche Empfindungen löst sie aus?
»Eine neue Welt, die den Himmel verspricht« – »eine neue Zeit, die das Heute vergisst«: In welche dieser beiden Richtungen sehe ich bei mir die größere Gefährdung?
Welcher Hoffnung will ich »Gesicht sein«?

4. Rückblick und Ausblick

Ich schaue auf meinen Übungsweg zurück: Was ist in mir gewachsen? Haben sich Hoffnungen gewandelt? Wie würde ich jetzt, am Ende des Übungswegs, »die Hoffnung, die mich erfüllt« (1 Petr 3,15) beschreiben? Ähnlich wie ein Glaubensbekenntnis versuche ich ein eigenes »Hoffnungsbekenntnis« zu schreiben: »Ich hoffe …«

Was könnte der nächste ganz konkrete Schritt sein, noch mehr aus meiner Hoffnung zu leben?

Ich spreche mit Gott über meinen Übungsweg, danke, frage, klage, bitte …

5. Verantwortung für die Welt

Die Hoffnung als theologische Tugend wurde zu allen Zeiten in hehren Tönen besungen. Doch bewähren muss sie sich im jeweiligen konkreten Kontext. Christliche Hoffnung zu leben, reicht dabei über den individuellen Bereich hinaus. Konsequenzen für das eigene Tun hat sie auch im Blick auf das Leben in Kirche und Gesellschaft. Aus vielen möglichen Beispielen greifen wir in den folgenden beiden Kapiteln zwei heraus: für die gesellschaftliche Dimension den Einsatz für Gerechtigkeit, Frieden und Bewahrung der Schöpfung, konkretisiert am Beispiel der Flüchtlingsthematik, und für den innerkirchlichen Bereich den Umgang mit der Spannung zwischen Traum und Wirklichkeit, konkretisiert am Beispiel der Frauenfrage.

Mitarbeit an der Verwandlung der Welt

Bereits in den 1970er Jahren wies der Club of Rome unter dem Stichwort »Die Grenzen des Wachstums«[19] auf die Problematik eines Lebensstils hin, der auf Kosten anderer geht. Nüchtern stellte er fest, wie die Ausbeutung der Natur, das Wettrüsten und vielfältige Ungerechtigkeiten existenzbedrohend für die Menschheit und ihren Lebensraum sind; er mahnte dringenden Handlungsbedarf an. Was tun angesichts der erkannten Dringlichkeit und der ebenso deutlichen – scheinbaren oder tatsächlichen – Ohnmacht den (selbst)zerstörerischen Kräften gegenüber? »So lasst uns denn ein Apfelbäumchen pflanzen. Es ist soweit«, antwortete Hoimar von Ditfurth, ein Martin Luther zugeschriebenes Zitat aufgreifend, in seinem Buch zum Thema. »Es steht nicht gut um uns« – so pessimistisch lautet der erste Satz der Einleitung, und doch endet er nicht in der Resignation. Viele Christinnen und Christen nahmen diese und ähnliche Anrufe auf und regten den »Konziliaren Prozess für Gerechtigkeit, Frieden und Bewahrung der Schöpfung« an. Maßgeblich geprägt wurde diese Bewegung von Carl Friedrich von Weizsäcker. Als Christ und politisch aktiver Naturwissenschaftler war es ihm ein Anliegen, Kräfte zu bündeln und einen Prozess in Gang zu bringen, der sich der Realität stellt und sich in einer Hoffnung, die über die rein menschlichen Möglichkeiten hinausreicht, zum entschiedenen eigenen Handeln bewegen lässt. Nicht tatenlos zusehen, sondern entschieden das tun, was in den eigenen Möglichkeiten steht, und vor allem: nicht schweigen.

Als Jugendliche haben mich diese Ansätze sehr bewegt. Die politische Situation in Nicaragua schien zwar weit weg, auch die großen Umweltskandale und die atomare Bedrohung im Kalten Krieg betrafen meinen Alltag nicht unmittelbar, doch mich beeindruckte die Haltung, sich den brennenden Fragen zu stellen, das im eigenen Umfeld Mögliche zu tun, und der Mut, deutlich die Stimme zu erheben und Unrecht als Unrecht zu benennen. Neugierig machte es mich, wenn kritisch denkende Menschen christliche Botschaft und Politik nicht als getrennte Sphären betrachteten, sondern ihr Engagement als integralen Bestandteil ihres Glaubens sahen. Mich überzeugte auch der Gedanke, dass die Brisanz der globalen Situation es erfordere, dass sich alle Menschen, die sich von diesen Fragen bewegen lassen, zusammentun, dass sie ihre Kräfte bündeln und »im Konzil« miteinander überlegen, was sie gemeinsam tun können. Ohne dass ich es damals so hätte benennen können, bekam ich hier eine Ahnung, dass solche aus gemeinsamer Hoffnung gespeiste Gemeinschaft etwas mit Kirche zu tun haben könnte.

Mit ähnlichem Anliegen richtete sich dreißig Jahre später Papst Franziskus in seiner Enzyklika »Laudato si« aus »Sorge für das gemeinsame Haus« an alle Menschen guten Willens. Im Anschluss an seine weitreichende Analyse der ökologischen und sozialen Realitäten betont er, dass »kein Wissenschaftszweig und keine Form der Weisheit beiseitegelassen werden« dürfe, um »all das zu sanieren, was wir zerstört haben«[20]. Er betont die Verbundenheit aller Geschöpfe durch ihr Geschaffensein von demselben Vater und begründet daraus, warum der Einsatz für die Schöpfung für Christinnen und Christen nicht eine zusätzliche Frage ist, sondern wesentlich zum Glauben gehört. Es ist »eine Frage der Treue gegenüber dem Schöpfer, denn Gott hat die Welt für alle erschaffen« und sie dem Menschen anvertraut.

Vom biblischen Gottesbild und insbesondere von der Botschaft Jesu her bekommt dieses Engagement eine zusätzliche klare inhaltliche Ausrichtung: Christinnen und Christen haben sich vor allem den Schwachen und Entrechteten zuzuwenden. Die in Lateinamerika entwickelte Theologie der Befreiung hat auf diesen Aspekt besonders hingewiesen, nicht nur im Blick auf das individuelle Leid der Einzelnen, sondern auch auf die gesellschaftlichen und politischen Verhältnisse. Doch wie kann ein solcher Blick auf die, »die am meisten übergangen werden« (Laudato si, 93), konkret aussehen?

Beispiel: Flucht und Vertreibung

Zu den globalen Phänomenen unserer Zeit gehören die großen Fluchtbewegungen. Menschen fliehen vor Krieg, Verfolgung oder Naturkatastrophen aus ihren Heimatländern, um in einem anderen Land Schutz und Zukunftsperspektiven zu finden. Andere brechen angesichts von Armut und Perspektivlosigkeit in ihrem Heimatland auf in Richtung westlicher Industrienationen. Oft werden sie als »Wirtschaftsflüchtlinge« bezeichnet. Der österreichische Pastoraltheologe Paul M. Zulehner schlägt hingegen vor, sie »Hoffnungsflüchtlinge«[21] zu nennen. Diese Menschen sind aufgebrochen in der Hoffnung auf ein besseres Leben mit mehr Perspektiven für sich und ihre Familie. Sie riskieren oft lebensgefährliche Fluchtwege, ermöglicht durch Schlepper, die mit der Not und den Hoffnungen der Flüchtlinge Geschäfte machen. In den aufnehmenden Ländern begegnen sie Menschen, die ihnen bereitwillig Hilfe zur Verfügung stellen; ebenso treffen sie auf Menschen, die jede Zuwanderung ablehnen. Bestimmte Gruppierungen, die aus der in der Bevölkerung herrschenden Angst politisches Kapital schlagen wollen, schüren die bestehenden Ängste weiter. In gewisser Weise lässt sich die Flüchtlingsthematik als ein Ineinander von Hoffnungen, verlorenen Hoffnungen, Befürchtungen und Ängsten verstehen – auf der Seite der Geflüchteten ebenso wie auf der Seite der Menschen in den aufnehmenden Ländern.

Paul M. Zulehner hat in einer Zeit, in der die Angst vor Flüchtlingen in seinem Heimatland zunahm und populistische Strömungen immer stärkeren Zulauf in der Bevölkerung fanden, ein Buch veröffentlicht, in dem er einen Vorschlag macht, »was gegen die Angst vor Flüchtlingen hilft«. Es trägt den Titel »Entängstigt euch!«. Ausdrücklich sieht Zulehner Christinnen und Christen in der Verantwortung, der herrschenden Angst eine Perspektive der Hoffnung entgegenzusetzen: »Wir sollten so viel Gottvertrauen erwecken, dass die Angst unterliegt, sie weglieben.« Davon ausgehend fragt er: »Könnte die Aufgabe der Christinnen und Christen nicht darin bestehen, sich selbst aus ihrer Hoffnung heraus zu engagieren, um so Hoffnung zu wecken sowohl bei den Menschen, die aus ihrer Heimat geflohen sind, als auch bei den Menschen, die sie aufnehmen, wie auch bei den Menschen, die sie nicht aufnehmen wollen?« Wie das konkret aussehen könnte, soll im Folgenden angedeutet werden.

Anregungen für einen hoffnungsvollen Umgang

a) »Entscheidung zur Hoffnung« – Dienst der Ermutigung

In seinem Buch über die Dynamik der Ignatianischen Exerzitien spricht Alex Lefrank von der »Entscheidung zur Hoffnung« als Ziel der sogenannten Fundamentsphase.[22] Sie ist die Grundlage, sich in den folgenden Etappen des Exerzitienwegs Gott mit der ganzen Realität anzuvertrauen, auch mit den dunklen Seiten der eigenen Person und den Unrechtsstrukturen der Welt.

Diese »Entscheidung zur Hoffnung« enthält in gleicher Weise die Entscheidung, auf Gottes Zusage vertrauen zu wollen, ihn wirken lassen zu wollen, wie die Entscheidung, sich selbst aktiv auf einen Weg zu begeben, der komplexen Realität ins Auge zu sehen, zu lernen, an der Denkweise und am Handeln Jesu Christi Maß zu nehmen, um von dort her die Konkretion des eigenen, individuellen Beitrags zu erkennen, ihn auch durch Schwierigkeiten und Widerstände durchzutragen und ihn schließlich in der Perspektive von Auferstehung und Heil zu leben und weiterzugeben.

Könnte analog eine »Grundentscheidung zur Hoffnung« nicht auch in der Flüchtlingsfrage den tragenden Grund und die Orientierung für die Menschen in den aufnehmenden Ländern bilden? Flüchtlinge im eigenen Land aufnehmen zu wollen im Überzeugtsein von der unverbrüchlichen Würde jedes Menschen und der Solidarität, die sich aus der Verbundenheit aller Menschen ableitet. Sich den bestehenden Herausforderungen stellen zu wollen, statt den vermeintlich einfacheren Weg zu wählen, sich ihnen zu verweigern und sie abzuschieben.

Die Grundentscheidung wachzuhalten, sich ihrer immer wieder zu vergewissern – könnte das denen, die sich für Flüchtlinge engagieren, nicht eine Hilfe sein, die Prioritäten des eigenen Engagements je neu ordnen zu lassen und sich durch Erfolglosigkeiten nicht entmutigen zu lassen?

b) Die Komplexität des Themas ernst nehmen

Sich der Realität zu stellen, bedeutet in der Flüchtlingsfrage vor allem, die Komplexität des Themas ernst zu nehmen. Abgesehen von der ohnehin sehr individuellen Situation jedes bzw. jeder einzelnen Geflüchteten erfordern dies schon die höchst unterschiedlichen Situationen in den jeweiligen Herkunftsländern, die sehr unterschiedliche Motivationen, das Heimatland zu verlassen, mit sich bringen (Krieg, Naturkatastrophen, Unrechtsregime, Verfolgung von Minderheiten, wirtschaftliche Perspektivlosigkeit, um nur einige zu nennen) und auch sehr unterschiedliche Maßnahmen, die Situation in diesen Ländern zu verbessern, erfordern. Eine pauschale Diskreditierung der geflüchteten Menschen als »Wirtschaftsflüchtlinge« wird der Komplexität der Hintergründe jedenfalls nicht gerecht und ist wenig hilfreich.

Ebenso komplex sind die Hintergründe der vorhandenen Ängste in unserer Gesellschaft: soziale Abstiegsängste, die Gefahr sinkenden Wohlstands, Angst vor dem Verlust des eigenen Arbeitsplatzes, noch verstärkt durch die Angst, Flüchtlinge könnten als billige Arbeitskräfte zu einer zusätzlichen Konkurrenz werden und vieles mehr. Solche Ängste von vornherein zu verharmlosen oder nicht ernst zu nehmen wird den Menschen, die diese Ängste umtreiben, ebenso wenig gerecht.

In den Herkunftsländern wie auch in den aufnehmenden Ländern ist eine differenzierte Analyse ebenso wie ein differenziertes Maßnahmenpaket zum Umgang mit den einzelnen Fragestellungen gefordert. Gegenüber denen, die aus den vorhandenen Ängsten politisches Kapital schlagen wollen, ist ein klares Wort gefragt, wenn leichtfertig einfache Antworten auf schwierige Fragen versprochen werden.

c) Die eigenen Möglichkeiten nutzen

Als im Sommer 2015 eine große Zahl von Flüchtlingen in Deutschland ankam und nicht mehr zu übersehen war, dass die Flüchtlingshilfe nicht mehr nur einigen Spezialisten überlassen werden konnte, sondern eine Aufgabe für die gesamte Gesellschaft ist, machte das Engagement vieler ehrenamtlicher Helferinnen und

Helfer, die Zeit, Geld- und Sachspenden zur Verfügung stellten, in beeindruckender Weise deutlich, was möglich wird, auch wenn der Beitrag der jeweils Einzelnen klein sein mag. Was im Kleinen vor Ort gilt, gilt auch auf staatlicher und internationaler Ebene. Von der humanitären Hilfe in Krisengebieten über die diplomatische Unterstützung von Friedensbemühungen, die finanzielle Unterstützung von Ländern, die viele Flüchtlinge aufnehmen, bis hin zur Förderung nachhaltiger Projekte von Entwicklungszusammenarbeit … die Möglichkeiten sind vielfältig.

Die eigenen Möglichkeiten vor Ort zu nutzen schließt ein, auch andere zu vielleicht kleinen Schritten zu ermutigen. Gegenüber Menschen, die sich schwertun, Fremde aufzunehmen, könnte es der Vorschlag sein, persönliche Begegnungen mit Flüchtlingen zu wagen. Mit den Worten von Paul Michael Zulehner: »Das Gesicht eines syrischen Kindes heilt mehr Angst als gutes Zureden.«[23] Statt von Flüchtlingen nur Integrationsbereitschaft einzufordern, könnte es bedeuten, sie auch dazu einzuladen, ihre eigenen Erfahrungen einzubringen und, sollte es (irgendwann wieder) möglich sein, an der Verbesserung der Situation in den Herkunftsländern mitzuwirken.

d) »Singend vorangehen«

Nicht zuletzt wird eine hoffnungsvolle Perspektive in der Flüchtlingsfrage bedeuten, Gemeinsames, Hoffnungsvolles, Gelungenes, schon Erreichtes zu sehen, wertzuschätzen und bekannt zu machen. Ein einseitiger Blick auf Zerrformen von Religion, Fundamentalismus und seine Gefahren, kann beispielsweise den Blick auf die Chancen verstellen, die trotz aller Unterschiedlichkeit in der Gemeinsamkeit eines religiösen Fundaments liegen.

Dass es beim christlichen hoffenden Engagement für die Welt nicht nur um das Schnüren von klugen Maßnahmenpaketen geht, sondern zuallererst um eine Haltung, fasst Papst Franziskus in dem treffenden Bild des »singenden Vorangehens« zusammen: »Gehen wir singend voran! Mögen unsere Kämpfe und unsere Sorgen um diesen Planeten uns nicht die Freude und die Hoffnung nehmen. Gott, der uns zur großzügigen und völligen Hingabe zusammenruft, schenkt uns die Kräfte und das Licht, die wir benötigen, um voranzugehen. Im Herzen dieser Welt ist der Herr des Lebens, der uns so sehr liebt, weiter gegenwärtig. Er verlässt uns nicht, er lässt uns nicht allein, denn er hat sich endgültig mit unserer Erde verbunden, und seine Liebe führt uns immer dazu, neue Wege zu finden. Er sei gelobt« (Laudato si, 254).

6. Kirche zwischen Traum und Wirklichkeit

Im Wechselspiel von Hoffnung und Enttäuschung

Wer kennt es nicht: Kirchlich engagierte Leute sitzen zusammen. Man kommt auf diesen Bischof, jenen Erlass aus Rom, diese kirchenrechtliche Regelung, jene theologische Ungereimtheit, diese schreckliche Predigt, jene persönliche Kränkung, diese ungelöste pastorale Situation in der Pfarrgemeinde, jenes weltkirchliche Problem zu sprechen. Gehörtes vermischt sich mit Gedachtem und mit eigener Erfahrung. Auf der anderen Seite gibt es wunderbare Texte über das Mysterium der Kirche − von Paulus und den Kirchenvätern über Gertrud von Le Forts »Hymnen an die Kirche«[24] und Guardinis Schriften mit dem vielzitierten Satz »Die Kirche erwacht in den Seelen«[25] bis zu den Texten des letzten Konzils. Und seither, also in den letzten fünf Jahrzehnten, zeugt eine Reihe von Buchtiteln von den verschiedensten »Kirchenträumen«. Die Erfahrung zeigt: Wo es um die Kirche geht, sind Emotionen oft stark. Das trifft auf die mit ihr verbundenen Hoffnungen ebenso zu wie auf die Enttäuschungen. Gerade weil wir ihr in gewisser Weise unseren Glauben verdanken und uns in ihr zu Hause fühlen (möchten).

Der hohe Anspruch der katholischen Kirche führt dazu, dass sowohl Menschen aus dem sogenannten inneren Kreis als auch solche, die sie eher von außen betrachten, sie an deren eigenen Idealen messen. Und wer sich der römisch-katholischen Kirche zugehörig fühlt (und in anderen Kirchen wird es nicht viel anders sein), träumt von einer Kirche, die lebt, was sie verkündet; die die Weisheit von Jahrtausenden hütet und doch weltoffen, modern und am Zeitgeschehen dran ist; die sich für Benachteiligte in Tat und Wort einsetzt und selbst arm ist, die aber auch Kulturträgerin, Hüterin der Ästhetik und Tradition ist; die in Dialog mit Wissenschaften, Künsten, anderen Religionen tritt, zugleich aber auch die tiefen, genuin christlichen spirituellen Quellen für den heutigen Menschen erschließt und ihn in Lebensfragen begleitet; die gut organisiert und doch menschlich und flexibel ist; in der es gottvolle Gottesdienste und ansprechende Predigten gibt; die die Freude des Evangeliums ausstrahlt, Gemeinschaft erfahrbar macht; die leibfreundlich, aber nicht weltverfallen, dazu geschwisterlich und transparent ist; die die Freiheit respektiert und doch etwas zu sagen hat; die Institutionen beherbergt, in denen ein alternativer und lebensfördernder Geist weht. Die Wunschliste könnte noch lange fortgesetzt werden.

Wem immer die Kirche ein Anliegen ist, kennt den Wunsch, dieses oder jenes in ihr möge anders, besser, heiliger sein. Doch die Realität präsentiert auch eine Kirchengeschichte nicht nur mit großen Heiligen, sondern auch mit Kreuzzügen, Hexenverbrennungen, Raubgold und Herrscherprotz und eine Gegenwart nicht nur neuer Aufbrüche, vieler Blutzeugen und großer pastoraler Bemühungen, sondern auch einer um sich selbst kreisenden, von Strukturproblemen besetzten Kirche mit Missbrauchsgeschichten, internen Machtkämpfen und durchaus mäßigem Bodenpersonal. Von besserwisserischer Stammtischmentalität über akademische Debatten bis zu tiefem persönlichen Leiden und Verunsicherung reicht der Umgang mit kirchlichen Enttäuschungen. Projektion und Idealisierung können ebenso mitspielen wie echte Sorge und Verantwortungsgefühl.

Ich selbst beispielsweise hatte in meiner Kindheit und Jugend sehr wenig Kirchenerfahrung – und negative schon gar nicht. Ein dennoch christliches Elternhaus, ausgezeichneter Religionsunterricht in der letzten Gymnasialklasse und die Lektüre der Apostelgeschichte in den darauffolgenden Ferien ließen ein zutiefst positives Kirchenbild in mir entstehen. Umso fassungsloser machte mich manche Konfrontation mit konkreten Gottesdiensten, kirchengeschichtlichen Ereignissen, realen Abläufen und Menschen in der Kirche, besonders aber mit der scheinbaren Unabänderlichkeit von Sachverhalten ...

Was bedeutet es, in und angesichts dieser auch enttäuschenden Kirche christliche Hoffnung zu leben? Theologischer Anknüpfungspunkt für eine berechtigte Hoffnung ist die Überzeugung der Kirche selbst, dass wir »ecclesia semper reformanda« sind, das heißt uns immer neu reformieren (lassen) müssen. Dass das auch praktisch und dogmatisch möglich ist, verbürgt ein Traditionsbegriff, der nicht starr, sondern lebendig und nach vorne offen ist. Der Theologe und Kardinal Yves Congar[26] hat gezeigt, dass nur ein solcher Traditionsbegriff die Treue der Kirche nicht nur zur Vergangenheit, sondern auch ihre »Treue zur Zukunft«[27] gewährleistet.

Es gibt viele Gründe, in dieser Kirche, in der wir uns trotz allem beheimatet fühlen, zu bleiben und sich zu engagieren. Sie zu suchen und zu benennen wäre lohnend, würde aber den Rahmen dieses Büchleins sprengen. Exemplarisch für viele mögliche Themenfelder sei im Folgenden nur ein Enttäuschungs- und

Hoffnungsfeld herausgegriffen, an dem sich so manche wundscheuern. Es ist die Frage, von der Kardinal Carlo Martini schon vor einigen Jahrzehnten gesagt hat, dass sich an ihr die Zukunft der katholischen Kirche im dritten Jahrtausend entscheiden werde.

Beispiel: Frauen in der Kirche

Eine Hausmeisterin – ein praktischer, handfester Typ – durchlebt in Exerzitien im Alltag, in der Erfahrung von Geistlicher Begleitung und dann auch in Ignatianischen Schweigeexerzitien einen echten Bekehrungsprozess. Sie engagiert sich in den beiden Häuserblocks, für die sie verantwortlich ist, sowie in ihrer Pfarrgemeinde, absolviert einen theologischen Kurs, beginnt ein intensives und ausdauerndes Gebetsleben. Ein paar Jahre nach ihrer Bekehrung wird für diese einfache, aber intelligente Frau die Frauenfrage in der Kirche immer drängender. Sie fühlt sich v.a. im liturgischen Bereich als Frau einfach nicht mehr wohl. Schließlich bittet sie anlässlich ihrer Entscheidung, aus der Kirche auszutreten, ihre Geistliche Begleiterin um ein Ritual, in dem sie ihre Trauer, in dieser Kirche keinen Platz zu finden, und zugleich ihre klare Entscheidung, mit Christus zu leben, ausdrückt.

Eine junge, im Glauben tief verankerte Ordensfrau übte vor ihrem Eintritt einen pädagogischen Beruf aus. Sie ist ein heller Kopf und wird von der Ordensleitung ermutigt, Theologie zu studieren. Bei der akademischen Abschlussfeier im Kreis der Mitschwestern, der Familie und von Freunden erwähnt sie auch ihre Motivation dafür, warum sie neben dem Studium der Religionspädagogik auch das der Fachtheologie abgeschlossen hat: Sollten in absehbarer Zeit doch Frauen

zur Priesterweihe zugelassen werden, möchte sie dafür
bereit sein.

Eine andere junge Frau wird gegen Ende ihres Theo-
logiestudiums von ihrer jüngeren Schwester mit einer
Mischung aus Unverständnis und Empörung gefragt:
»Wie kannst du als gebildete und moderne Frau bloß
in der Kirche leben und arbeiten? In einer Institution,
die in Theorie und Praxis in ihren wichtigsten Lebens-
vollzügen, auf allen höheren Entscheidungsebenen, in
ihrer Theoriebildung und Selbstdefinition, in Legisla-
tive, Judikative und Exekutive – also an allen Knoten-
punkten – Frauen prinzipiell entweder ausschließt
oder gegenüber Männern herabstuft?!«

Theologiestudentinnen sind einige Jahre gemeinsam
mit ihren Kollegen aus dem Priesterseminar unterwegs. Sie lernen gemeinsam, wachsen ins kirchliche
Leben hinein, beten, feiern, tauschen sich aus, schlie-
ßen Freundschaften. Ein partnerschaftliches Miteinander. Unter einigen dieser Frauen und Männer wächst
und bestätigt sich die Berufung zum Dienst in der
Seelsorge. Dann die Priesterweihe Den Jahrgangskol-
legen vorne werden die Hände aufgelegt. Für manche
Kollegin, die hinten sitzend mitfeiert, mischt sich in
die ehrliche Mitfreude ein bitterer Beigeschmack. Später dann die Erfahrung, von (vielleicht sehr mittelmä-
ßigen) geweihten Kollegen beruflich auf jeden Fall
überholt zu werden.

Man kann auch andere, nur scheinbar profane Fragen
stellen, die heftig an der Hoffnung nagen: Wie sieht
die Rollen- und Aufgabenverteilung zwischen Männern und Frauen beispielsweise in katholischen Pfarr-
häusern aus? Wer macht die geistige Arbeit, wer kocht,
wäscht und putzt? Wie sieht – selbst unter Absehung
der geweihten Amtsträger – der Anteil von Frauen in

kirchlichen Beratungsgremien und Leitungspositionen aus? In wessen Händen liegt in der Kirche – bis hinunter in die Pfarrgemeinden – das Geld? Wer bekommt in der Kirche Anerkennung, Titel und Auszeichnungen? Welche Aufmerksamkeit bräuchte in Bezug auf Geschlechtergerechtigkeit die kirchliche Sprache, die, wie wir wissen, Wirklichkeit und Bewusstsein nicht nur abbildet, sondern auch prägt? Aber auch die gesamte kirchliche »Körpersprache« würde vielen Nachdenkens bedürfen: Wie wirken beispielsweise so manche unserer liturgischen Feiern – etwa ein feierliches Hochamt in einem Dom – auf einen unbefangenen Beobachter, eine unbefangene Beobachterin? Bilden sie unser Gottes- und Menschenbild ab und sprechen sie von einer gleichen Würde und Gottebenbildlichkeit von Mann und Frau? Oder wirkt da im Grunde nicht auch vieles irgendwie männerbündlerisch? Und ist es, bei Licht betrachtet, nicht seltsam, dass, wie in so manchen kirchlichen Dokumenten der letzten Jahrzehnte, Männer den Frauen deren Wesen erklären?

Noch tiefer ist die Betroffenheit, wenn man in der Geistlichen Begleitung mehrfach erlebt, dass junge Frauen – oft Theologiestudentinnen – mit dem Wunsch und der Bereitschaft, Seelsorgerin zu werden, ihr Leben (zum Teil auch in der Lebensform der Evangelischen Räte) ganz in den Dienst Gottes, der Menschen und der Kirche zu stellen, im Grunde eine priesterliche Berufung in sich spüren. Die Unmöglichkeit, dies in unserer Zeit in unserer Kirche zu leben, fühlt sich für sie wie eine zurückgewiesene Liebe an. Dass die eine oder andere unter ihnen sich später auch wie ein »verschmähter Liebhaber« verhält, braucht uns nicht zu wundern.

Berührt hat mich auch die Mail einer Freundin, promovierte Theologin, der ich über dieses Buchprojekt berichtet hatte: »Ich habe hier einen Kreis Frauen kennengelernt, die alle zwischen 65 und 90 sind und sich seit ihrer Jugend für das Diakonat der Frau in unserer hiesigen Diözese einsetzen – mit unzähligen Schriften, Gesprächen, Forderungen, Bittgottesdiensten etc. –, ich finde es todtraurig, das zu sehen ...«

Aber da sind auch Frauen (und Männer), die sich ermutigt fühlen und sich buchstäblich auf den Weg machen: Unter der Überschrift »Für eine Kirche mit den Frauen« nehmen im Jahr 2016 über dreitausend Menschen die 1000 km von St. Gallen nach Rom pilgernd unter die Füße – voll Hoffnung, dass Männer der Kirche in Zukunft nicht mehr ohne Frauen über deren Stellung, Rolle und Funktion nachdenken. Und nicht mehr ohne Frauen über Belange der Kirche entscheiden.

Die Reihe der Erfahrungen könnte fortgesetzt werden. Was bleibt, ist in unserem Zusammenhang die bange Frage: Besteht irgendeine Hoffnung, dass wir als Kirche ein sichtbares, prophetisches Zeichen für ein faires, bereicherndes, ebenbürtiges, fruchtbares Miteinander von Mann und Frau werden können oder auch nur wollen? Oder sind die genannten und ähnliche Erfahrungen das Problem von einigen Frauen, denen es – wie manche sagen – leider nicht wirklich um die Mitte des Glaubens geht? Naive oder anstrengende Frauen, über die man sich ärgert oder lächelt? Das kann man und tut man. Aber werden wir ihnen wirklich gerecht? Haben wir das Recht, eine ganze Gruppe engagierter Christinnen – und auch Christen! – mit ihren Erfahrungen und Hoffnungen einfach zu übergehen?

Der Sache nach geht es um wichtige Fragen wie die der Zukunftsfähigkeit der Kirche, um ihre Glaubwürdigkeit, ihre Ausstrahlung und ihre Katholizität, aber auch um Fragen der Gerechtigkeit und nicht zuletzt der Berufung. Was uns hier aber beschäftigt, ist vor allem die Frage: Wie kann man trotz enttäuschender Erfahrungen und Verletzungen, die einen zuweilen an den Rand der Resignation führen mögen, mit dieser Frage umgehen? Was heißt es, hier die Hoffnung nicht zu verlieren bzw. sie wiederzufinden? Und zwar auch wenn man davon ausgeht, dass sich beispielsweise in der Frage der Frauenordination, zumindest was die Priesterweihe betrifft, in absehbarer Zeit nichts ändert. Kann es gelingen, sich die Freude am Glauben und an der Kirche trotzdem nicht madig machen zu lassen? Was bedeutet es, konstruktiv, geistlich und positiv in dieser auch enttäuschenden Kirche zu leben? Die folgenden Hoffnungs-Impulse für ein gutes Miteinander von Männern und Frauen in der Kirche nähern sich der Frage auf unterschiedlichen Ebenen an.

Anregungen für einen hoffnungsvollen Umgang

a) Die Frauenfrage von der Weihefrage (zunächst) unterscheiden

Die Frage nach einer möglichen Diakonen-, Priester- oder Bischofsweihe von Frauen ist in einer für die heutige Zeit plausiblen und konstruktiven Form (also jenseits früherer Diskussionen, ob Frauen eine Seele haben, ob sie aufgrund ungünstiger Winde bei der Zeugung entstehen etc.) erst wenige Jahrzehnte alt und damit theologiegeschichtlich sehr jung und bedarf in jedem Fall noch weiterer Entwicklung und vieler weiterer gemeinsamer Überlegungen. Gemeinsam heißt: von kirchlich denkenden und unbefangenen Theologinnen und Theologen. Von einem plumpen »Ich bin für/gegen die Frauenordination« gilt es auf allen Seiten, zu einem geweiteten, differenzierten Blick zu finden.

b) Konstruktiv mit einem emotionalen Thema umgehen

Hoffende Menschen suchen auch in dieser Frage einen geistlichen, nicht ideologischen Umgang, der dem Aufbau des Reiches Gottes dient. Es gilt, versöhnlich und konstruktiv mit einem komplexen, oft sehr emotionsbeladenen Thema umzugehen. Verletzungen und persönliche Betroffenheit verengen den Blick, machen defensiv oder aggressiv. Das gilt nicht nur für Kirchenfrauen, sondern auch für Kirchenmänner. Es gilt, wohlwollende und einfühlsame gegenseitige Hörprozesse einzuleiten, theologisch und menschlich mit dem heiligen Ignatius »beim Zuhören zu lernen suchen«[28] und der/dem anderen mit einem positiven Vorurteil zu begegnen.[29] Andernfalls kommt es schnell zu ausgesprochenen oder unausgesprochenen, eingestandenen oder uneingestandenen Urteilen wie »verrückte feministische Hühner«, »die da oben haben eben ein Problem mit Frauen«, »Emanzen«, »denen geht es nur um Macht(erhalt)« u.a.m. Vielleicht hilft auch hier für beide Seiten ein Wort, das mir schon öfters zu denken gegeben hat: »Verstehen Sie mich nicht zu schnell!«

c) Der Komplexität des Themas Rechnung tragen

Die Gründe für Enttäuschungen mit der Kirche und konkret in Bezug auf eine »Kirche mit den Frauen« haben vielfältige Ursachen. Eine oft wilde Mischung aus theologischen (v.a. dogmatischen, pastoralen und historischen), anthropologischen, ideologischen, emotionalen, archetypischen, soziologischen, psychologischen, biografischen und praktischen Gesichtspunkten kommt hier zusammen ...

Die verschiedenen Ebenen und Gesichtspunkte müssen sorgfältig unterschieden, ins Wort gebracht und im Sinn der Unterscheidung der Geister gemeinsam bedacht werden. Wieder einmal braucht es geduldiges und sachliches Differenzieren. Ungereimtheiten in Argumentation und Verhalten müssen wahrgenommen und formuliert werden, scheinbar theologische Aussagen auf ihre Stringenz und Glaubwürdigkeit hin abgeklopft werden.

d) Das eigene Erleben und die eigene Sicht zur Verfügung stellen

Es braucht aber auch den Mut, sich selbst wirklich zu zeigen – trotz möglicher vorhergehender Verletzungen, trotz der Sorge, (als Emanze oder aber als reaktionär) abgestempelt oder auf ein Thema festgelegt zu werden. Das gilt für persönliche Gespräche zwischen Kirchenmännern und Kirchenfrauen, aber auch für Gremien und theologische Prozesse.

Da die Frage eines Weiheamtes für Frauen bis in die jüngste Zeit – auch aufgrund vatikanischer Vorgaben – in weiten Kreisen faktisch auf theologische Nulltoleranz stieß, ist es gerade für Frauen, denen auch viele andere Anliegen in der Kirche wichtig sind und die nicht ins kirchliche Abseits geraten wollen, nicht leicht, in Frauenthemen überhaupt Stellung zu beziehen und sich damit zu exponieren. Andererseits kommen wir um ehrliches Kommunizieren nicht herum. Wie sonst sollte Kirche gelingen? Ich habe erlebt, dass ein Priester, der sich literarisch und gesprächsweise schon jahrelang (!) mit der Frauenfrage in der Kirche auseinandergesetzt hatte, nach eigenen Worten erst durch das Erleben des Schmerzes von Frauen realisierte, dass es sich hier nicht nur um eine mehr oder weniger interessante akademische Frage handelt, sondern dass Frauen wirklich persönlich tief verletzt sind und dass es zudem gar nicht nur um die betroffenen Frauen, sondern um die Kirche selbst geht. Umgekehrt ist für manche Frauen kaum nachvollziehbar, dass nicht selten auch Priester sich durch solche Themen verunsichert, nicht gewürdigt und vielleicht bedroht fühlen.

e) Der Ungleichzeitigkeit Rechnung tragen

Um trotz des offensichtlichen Ungleichgewichts und der Ungerechtigkeiten zwischen Männern und Frauen in der Kirche Hoffnung und Geduld zu bewahren, hilft das realistische Bewusstsein, dass es nicht nur weltweit, sondern auch hier bei uns große Ungleichzeitigkeiten und sehr verschiedene Standpunkte gibt: Frauen, die am Status quo fast zerbrechen, sich aufreiben oder resignieren – und Frauen, für die es kaum ein Thema ist. Und genauso gibt es Kirchenmänner, die aus ehrlicher Überzeugung, aus Loyalität oder aber aus fehlendem Interesse, Bequemlichkeit oder Ängstlichkeit dem Thema gegenüber ablehnend eingestellt sind; andere, die sich, meist im kleineren Kreis, klar gegen die kirchliche Linie positionieren, wieder andere, die den Kopf schütteln, die Schulter zucken, schweigen oder unentschieden bleiben; wenige, die offen für eine Änderung in der Weihefrage eintreten, einige, die zumindest eine seriöse theologische Auseinandersetzung mit offenem Ausgang fordern, wieder andere, die sich in Wort und manchmal auch Tat darum bemühen, Frauen dort, wo es derzeit möglich ist, bewusst den Ball zuzuspielen.

f) Glauben, dass die Wahrheit sich durchsetzen wird

Ungelöste Prozesse kehren wieder. Bedeutende Ideen sind nicht totzukriegen. Die Wahrheit wird sich durchsetzen. Der Blick in die Geschichte und der Vergleich mit anderen Emanzipationsbewegungen in unserer und in anderen Kulturen führen uns vor Augen, dass die Dinge ihre Zeit brauchen. Und sie helfen uns, den eigenen bescheidenen Platz im Fluss der Geschichte einzunehmen. Für manche mag sogar der Gedanke hilfreich sein, dass es besser ist, Unrecht zu erleiden als zu tun. Immer wieder spielen bei Unrechtsgeschichten ähnliche Mechanismen eine Rolle. Diese lösen sich nicht von heute auf morgen auf. Die Kenntnis der Kirchen- und Dogmengeschichte kann aber grundsätzlich Anlass zur Hoffnung auf Veränderung geben. Sie zeigt etwa, dass Aussagen selbst rechtmäßiger Konzile widerrufen wurden.[30] Wobei es in der Frauenfrage ohnehin in keinem ihrer Aspekte um ein Dogma geht.

Spannend ist in diesem Zusammenhang auch die Frage: Was passiert im Zeitraum etwa zwischen zwei bedeutenden kirchlichen Dokumenten, die in ihren Aussagen diametral entgegengesetzt sind? Was haben beispielsweise in den hundert Jahren zwischen dem sog. Syllabus von 1864 und dem Konzilsdokument Nostra Aetate (1965), in denen u.a. Fragen der Gewissens- und Religionsfreiheit gestellt und völlig unterschiedlich beantwortet wurden, konkrete Menschen gedacht und getan, aber auch unterlassen? Auch für unsere Zeit und unser Thema mag das für die eine oder den anderen Anlass für eine Gewissenserforschung sein.

g) Blick auf konkrete Hoffnungszeichen

Für eine der wichtigsten Aufgaben im geistlichen Leben halte ich es, einen Blick der Dankbarkeit und Hoffnung zu erlernen. Der heilige Ignatius lässt nicht umsonst jede Gewissensprüfung mit dem Dank beginnen. Auch im Bereich Frauen in der Kirche hilft ein positiver Blick auf persönliche gute Erfahrungen, aber auch auf die gesellschaftlichen und kirchlichen Entwicklungen: In den letzten 100 Jahren ist – trotz allem – unglaublich viel geschehen: Es gibt Seelsorgerinnen und Theologinnen, Frauen in kirchlichen Gremien und Leitungspositionen; vielerorts besteht eine unkomplizierte und wertschätzende Zusammenarbeit zwischen Frauen und Männern in verschiedenen Bereichen der Kirche.

Und nicht zuletzt: Für Papst Franziskus ist die Frauenfrage zwar wohl kein vordringliches persönliches Thema, aber er hat eine Kommission zur Prüfung der Frage einer Zulassung von Frauen zum Diakonat eingesetzt, und, meines Erachtens noch viel wichtiger: Er sorgt, so gut er kann, für eine Atmosphäre der Unbefangenheit und Angstfreiheit, des freimütigen Dialogs, in dem es keine Denk- und Redeverbote geben soll.

h) Den offenen Raum nützen, nicht nur an Grenzen rütteln

Dieses Stichwort will nicht im Sinn einer Vertröstung oder einer Zementierung des Status quo missverstanden sein. Dennoch kann es auch hier guttun, den Blick zu weiten: Es gibt trotz mancher Grenzen und Ungerechtigkeiten immer genug Möglichkeiten, etwas für das Reich Gottes zu tun. Und Gott wird sich durch keine von Menschen gemachten Grenzen davon abhalten lassen, mit jeder Frau, die sich seinem Geist öffnet, einen persönlichen Berufungsweg zu gehen. Er hat Übung darin, auf krummen Zeilen gerade zu schreiben.

Wenn Hoffnung etwas mit Gott zu tun haben soll, muss sie sich auch wandeln lassen. Konkret kann das beispielsweise heißen: Wenn eine Frau, die eigentlich Priesterin werden möchte, ihr ganzes Leben nur auf diese Frage fixiert bleibt, wird sie sich aufreiben und vielleicht verbittern; mit diesem verengten Blick wird sie wohl kein sehr konstruktives Verhältnis mit ihrer konkreten Kirche aufbauen können. Das heißt natürlich nicht, dass es nicht Phasen von Wut und Traurigkeit geben darf und unter Umständen einiges an geistlicher Begleitung, Supervision, Exerzitienprozessen und Gesprächen braucht, um existentiell mit der Sache einigermaßen klarzukommen. Vielleicht hilft auch hier die betende Bitte um den Mut, zu ändern, was ich ändern kann, die Bereitschaft, anzunehmen, was ich nicht ändern kann, und die Weisheit, das eine vom anderen zu unterscheiden.[31]

i) Am je eigenen Platz das je Mögliche tun

Wenn jeder und jede an seinem oder ihrem Platz acht-sam ist, damit es im kirchlichen Miteinander von Frau-en und Männern gut und besser weitergeht, d.h., wenn jeder auf seiner bzw. ihrer Ebene persönlich und strukturell Verantwortung übernimmt und entsprechend betet, spricht, entscheidet und konkrete Maß-nahmen ergreift, werden die Dinge im Sinne Gottes auch vorangehen. Darauf dürfen wir hoffen. Für Theologieprofessorinnen, Bischöfe, Mitglieder eines Pfarrgemeinderates oder einer Frauenkommission, Pfarrer, Seelsorgerinnen oder Personalreferenten wird das jeweils Unterschiedliches bedeuten, aber die Sen-sibilität aller ist hier gefragt.

j) »Jesus, meine Liebe ist gekreuzigt«

Der heilige Ignatius spricht in seinem geistlichen Ta-gebuch einmal vom Gehorsam dem Vorgesetzten, dem Gleichgestellten und dem Untergebenen gegenüber. Darüber findet sich ein kleines Kreuzchen mit dem Vermerk: »Jesus, meine Liebe ist gekreuzigt«. Auch unsere Suche nach einem guten Weg einer Kirche mit den Frauen im Sinne des Heiligen Geistes bringt Zer-reißproben und Spannungen mit sich. Es gilt, nach al-len Seiten zu hören und zu kommunizieren – loyal, ohne aus dem Herzen eine Mördergrube zu machen, mutig und freimütig.

7. Schluss

»Damit ihr Hoffnung habt. Feiert, lacht und singt, damit ihr Hoffnung habt«, sangen die Wise Guys am Kirchentag 2010 in München. Und es stimmt, der Hoffnung wohnt eine Kraft inne, die Lebensgeister weckt und zuversichtlich stimmt. Aber bis heute ist die Welt so geblieben, wie sie ist: voller Ungerechtigkeit, Gewalt und Krieg. Glaube schützt nicht vor Schicksalsschlägen – im Großen wie im Kleinen. Sich der Realität zu stellen und doch zu hoffen ist eine Herausforderung. Und es ist wahrscheinlich nur möglich, wenn sich auch an ihr das Geheimnis unseres Glaubens vollzieht: Verwandlung. Die Dichterin Hilde Domin hat für diese Erfahrung kraftvolle und berührende Bilder gefunden. So wollen wir am Schluss dieses Buches ihr das Wort geben.[32]

Bitte
Wir werden eingetaucht
und mit den Wassern der Sintflut gewaschen
Wir werden durchnässt
bis auf die Herzhaut

Der Wunsch nach der Landschaft
diesseits der Tränengrenze
taugt nicht
der Wunsch den Blütenfrühling zu halten
der Wunsch verschont zu bleiben
taugt nicht

Es taugt die Bitte
dass bei Sonnenaufgang die Taube
den Zweig vom Ölbaum bringe
dass die Frucht so bunt wie die Blume sei
dass noch die Blätter der Rose am Boden
eine leuchtende Krone bilden

und dass wir aus der Flut
dass wir aus der Löwengrube und dem feurigen Ofen
immer versehrter und immer heiler
stets von neuem
zu uns selbst
entlassen werden.

Anhang

Von der Hoffnung inspiriert: die Helferinnen und ihre Gründerin

Geboren 1827, wächst Eugénie Smet, die Gründerin der Kongregation der Helferinnen,[33] in der Geborgenheit ihrer Familie in einem christlichen Elternhaus in Nordfrankreich auf. Immer wieder erlebt sie in Alltagssituationen, dass ihr, oft unerwartet, Gutes widerfährt. Sie deutet diese Erfahrungen als liebende Zuwendung Gottes. In der religiösen Sprache ihrer Zeit beschreibt sie sie als Vorsehung Gottes. Auf Gottes Liebe vertrauend, wendet sie sich hoffend mit der Bitte an ihn, dass er ihr Seine Zuwendung auch in der aktuellen Situation erweisen möge. Geprägt von solchen Erfahrungen in den Alltagsdingen ebenso wie bei den großen Weichenstellungen ihres Lebens wird sie später für sich den Ordensnamen »Maria von der Vorsehung« wählen.

In der Frömmigkeit ihrer Zeit beschäftigt die Menschen sehr stark die Frage nach dem Schicksal des Menschen nach dem Tod. In der Verkündigung wird oft stark das Gericht Gottes betont; das Fegefeuer als Folge des Gerichts stellt man sich als eine Art »Hölle auf Zeit« vor. Entsprechend große Bedeutung misst man deshalb dem Gebet für die Seelen im Fegefeuer bei, um ihre Erlösung aus den Qualen des Fegefeuers zu erwirken. Als Eugénie als Kind auf dem Friedhof wahrnimmt, dass manche Gräber sehr gut gepflegt sind, andere aber ganz vernachlässigt, fragt sie sich: Was ist mit den Seelen im Fegfeuer, für die niemand betet? In ihrem Gespür für die Verbundenheit von Lebenden und Verstorbenen erkennt sie zunehmend die Aufgabe, für die Menschen zu beten, »an die niemand denkt«. In einem Bild vergleicht sie einmal ihr Anliegen mit dem einer eingeschlossenen Freundin, deren Schicksal man doch nicht gleichgültig ignorieren könne (De Soos,12f.). Zur Hoffnung auf das Wirken der Liebe Gottes in ihrem eigenen Leben tritt die Hoffnung für andere auch über den Tod hinaus.

Ganz anders als die Geborgenheit ihrer Familie ist Eugénies gesellschaftliches Umfeld. Es ist die Zeit der Industrialisierung im Frankreich des 19. Jahrhunderts mit seinen sozialen Problemen und der wachsenden Armut der Arbeiterklasse. Das Milieu, in dem Eugénie aufwächst, nimmt von der prekären Lage und der zunehmenden Kluft zwischen den sozialen Klassen zunächst noch wenig Notiz. Erst aus ihrem wachsenden Bewusstsein für die Verbundenheit von Lebenden und Verstorbenen und dem daraus folgenden Blick auf die »Vergessenen« wird Eugénie der tatkräftige Einsatz für solche Menschen immer stärker zum Anliegen.

Mit ihrer Begeisterungsfähigkeit gelingt es ihr, Gefährtinnen für ihre Anliegen zu finden. Daraus wächst immer mehr der Gedanke, eine Ordensgemeinschaft zu gründen, die sich nicht nur dem stellvertretenden Gebet für die Verstorbenen widmet, sondern sich zugleich auch tatkräftig für Benachteiligte einsetzt. Gespeist sein soll dieses Engagement von der Hoffnung auf Gottes Heilsplan für die Welt und für jeden einzelnen Menschen. Eugénies Idee verwirklicht sich mit der Gründung der »Kongregation der Helferinnen der Seelen im Fegfeuer« im Jahr 1856.

Der Wunsch, immer mehr in eine persönliche Gottesbeziehung hineinzuwachsen und in einem apostolischen Ordensleben »den Seelen zu helfen«, ohne sich dabei auf einen bestimmten Einsatzbereich festzulegen, lassen sie in der ignatianischen Spiritualität die passende Form für einen solchen Lebensentwurf erkennen: sowohl für das geistliche Leben der Schwestern wie auch für die Strukturen der Gemeinschaft. Sie übernimmt deshalb für ihre Gemeinschaft, in leicht adaptierter Form, die Konstitutionen der Gesellschaft Jesu. Seit über 160 Jahren versuchen Frauen die Grundeingebung von Eugénie Smet in ihrer jeweiligen Zeit und Kultur zu leben. Aus der Erfahrung von Gottes liebender Zuwendung wollen die Helferinnen selbst den befreienden und zum Leben in Fülle führenden Gott an sich selbst wirken lassen, sie wollen als hoffende Menschen aus dieser Hoffnung heraus leben und anderen Menschen Hoffnung bringen, sie dabei begleiten, »das Ziel ihrer Erschaffung zu erreichen«.

Schon für Eugénie Smet war der innere Grund ihres Einsatzes für die Seelen im Fegfeuer nicht so sehr die Angst vor dem strafenden Gericht Gottes, sondern der Glaube, dass es dabei um einen Durchgang hin zur Begegnung mit Gottes Liebe geht. Im Unterschied zur Frömmigkeit des 19. Jahrhunderts richtet sich der Blick heute stärker auf die Begleitung von Menschen in den »Fegefeuern« hier auf Erden: Krisen- und Übergangssituationen. Denn es sind gerade solche Situationen, bei denen wir im Rückblick erkennen, dass sie uns mehr die Person haben werden lassen, die wir jetzt sind. Der Durchgang durch solche Zeiten kann zu einer tieferen Begegnung mit sich selbst und mit Gott und so zu einem Mehr an Versöhnung, Freiheit und Liebesfähigkeit führen. Er kann insofern »Läuterungssituation« sein, immer mehr die Person in ihrer Einzigartigkeit zu werden, die wir von Gott her sein und werden können.

Die konkreten Einsatzorte und Einsatzfelder der Helferinnen haben sich im Laufe ihrer Geschichte immer wieder verändert und weisen auch heute eine große Vielfalt auf. Helferinnen arbeiten beispielsweise im medizinischen, im sozialen und erzieherischen Bereich, andere sind in der Pastoral, in der Geistlichen Begleitung und Exerzitienbegleitung tätig, wieder andere, abhängig von ihrer jeweiligen Begabung und den Gegebenheiten vor Ort, in ganz anderen Berufen.

In ihrem Tun wollen die Helferinnen besonders für das Leid aufmerksam sein, das versteckt bleibt, sie wollen sich besonders für die Menschen einsetzen, »die man vergisst, die in ihrer Menschenwürde verletzt sind und die Verkündigung der Frohen Botschaft am dringendsten brauchen«, wie es in ihrer Ordensregel heißt (Konst. 29). Dieser Blickwinkel ist ihnen im Blick auf die einzelnen Menschen, denen sie begegnen, wichtig. Vom Verständnis der Verbundenheit aller Menschen her schließt die Verkündigung der befreienden Botschaft Christi aber auch den Einsatz für Gerechtigkeit, Frieden und Bewahrung der Schöpfung auf struktureller Ebene mit ein. Beispiele hierfür sind die Mitarbeit von Schwestern in der Versöhnungsarbeit in Ruanda nach dem Bürgerkrieg oder das Engagement in NGOs (Nichtregierungsorganisationen).

Um flexibel auf die Nöte der jeweiligen Zeit reagieren zu können, besitzen die Helferinnen in der Regel keine eigenen Einrichtungen, wie z.B. Schulen oder Krankenhäuser, sondern arbeiten in kirchlichen oder staatlichen Einrichtungen als Angestellte oder ehrenamtlich mit.

Die Helferinnen sind eine Ordensgemeinschaft, d.h., die Schwestern leben nach den Evangelischen Räten der Armut, der Ehelosigkeit und des Gehorsams. Sie tragen Zivilkleidung und leben miteinander in kleinen offenen Gemeinschaften, nicht in Klöstern, sondern in einfachen Wohnungen oder Häusern. Helferinnen gibt es heute in mehr als zwanzig Ländern, verteilt auf vier Kontinente. Ihnen gemeinsam ist das Anliegen, selbst aus der Hoffnung auf das Heilswirken Gottes zu leben und diese Hoffnung auch mit anderen und für andere zu leben.

Anmerkungen

[1] Wir danken Andrea ganz herzlich, dass wir an dieser Stelle ihre Geschichte erzählen dürfen.

[2] Krankheit, Erfahrung oder gar Begabung? Es braucht Mut, über die eigene psychische Erkrankung zu sprechen, in: Pfarrblatt des Dekanats Zug Nr. 46 vom 9.11.2014, 4–5.

[3] Rachel Naomi Remen, Aus Liebe zum Leben. Geschichten, die der Seele gut tun, Freiburg i. Br. 2002 und Rachel Naomi Remen, Dem Leben vertrauen. Geschichten, die gut tun, Freiburg i. Br. 2013.

[4] Das Hoffnungsbarometer ist im Internet zu finden unter: https://hoffnungsbarometer.wordpress.com/. Die folgenden Ergebnisse sind der Zusammenfassung von 2016 entnommen – zu finden unter: http://www.swissfuture.ch/de/wp-content/uploads/sites/2/2016/12/2017_Hoffnungsbarometer-Bericht-Schweiz.pdf (Juni 2017).

[5] Lenin, Sozialismus und Religion, 1905; zit. nach: http://www.marxists.org/deutsch/archiv/lenin/1905/12/religion.html (Febr. 2017).

[6] Vgl. das Dokument aus dem II. Vat. Konzil: Dogmatische Konstitution über die Kirche Lumen Gentium 1.

[7] Navid Kermani, Ungläubiges Staunen. Über das Christentum, München, 8. Aufl. 2016, S. 186.

[8] Esther Maria Magnis, Gott braucht dich nicht. Eine Bekehrung, Hamburg 2012.

[9] Ebd., 235–236.

[10] Bischof Franz Kamphaus, Mach's wie Gott, werde Mensch: Ein Lesebuch zum Glauben, Freiburg i. Br. 2014, S. 288f.

[11] Mitch Albom, Die fünf Menschen, die dir im Himmel begegnen, München 2005.

[12] Konstitutionen der Helferinnen, 6.

[13] Auf diese Wortbedeutung hat mich Willi Lambert aufmerksam gemacht.

[14] Konstitutionen der Helferinnen, 21.

[15] Peter Faber, Memoriale Nr. 280f. (Petrus Faber, Memoriale, übers. von Peter Henrici, Einsiedeln 2. Aufl. 1989, S. 218).

[16] Aus: »Gebet in der Stadt am Rande des Klosters«, inspiriert vom »Gebet des Klosters am Rande der Stadt« von Silja Walter, gefunden auf der Homepage der Abtei Kornelimünster: http://www.abtei-kornelimuenster.de/spirituelles/weitere-impulse/184-gebet-am-rande-%E2%80%A6.html

[17] Aus: Alfred Delp, Gesammelte Schriften, Bd. 4, Aus dem Gefängnis, hg. von Roman Bleistein, Frankfurt a. M., 2. Aufl. 1985, 195.

[18] Text: Thomas Laubach, Musik: Thomas Quast, aus: Bartolomé de Las Casas, 1993. Alle Rechte im tvd-Verlag, Düsseldorf.

[19] Club of Rome: Die Grenzen des Wachstums. Bericht des Club of Rome zur Lage der Menschheit. Aus dem Amerikanischen von Hans-Dieter Heck, Stuttgart 1972.

[20] Papst Franziskus, Enzyklika Laudato si', vgl. hier Nr. 63.

[21] Paul M. Zulehner: Entängstigt euch! Flüchtlinge und das christliche Abendland, Ostfildern 2016, 27. Vgl. dazu ebenso: Michael Gmelch, Refugees welcome. Eine Herausforderung für Christen, Würzburg 2016.

[22] Alex Lefrank, Umwandlung in Christus. Die Dynamik des Exerzitien-Prozesses, Würzburg 2009, 72ff.

[23] https://zulehner.wordpress.com/2016/01/30/obergrenzen-nein-aber-an-idealen-ausgerichtete-grenzen-3/ (Mai 2017).

[24] Gertrud von Le Fort, Hymnen an die Kirche, München 1924; neu aufgelegt Würzburg 2014.

[25] Romano Guardini, Das Erwachen der Kirche in den Seelen (1922), in: ders. Vom Sinn der Kirche. Fünf Vorträge, Mainz 1923, 1–20.

[26] Yves Congar, La Tradition et les Traditions, Vol. I. Essai historique, 1960; Vol. II: Essai théologique, Paris 1963.

[27] So der deutsche Titel eines Buches von Frère Émile, Taizé, über Yves Congar, Freiburg i. Br. 2014.

[28] KNB 112 (Ignatius von Loyola, Briefe und Unterweisungen, übers. und hrsg. von Peter Knauer, Würzburg 1993).

[29] Vgl. EB 22.

[30] Vgl. Konzil von Ephesos 449, später polemisch als »Räubersynode« bezeichnet.

[31] Vgl. das Reinhold Niebuhr zugeschriebene »Gelassenheitsgebet«. http://www.wlb-stuttgart.de/sammlungen/handschriften/bestand/nachlaesse-und-autographen/oetinger-archiv/gelassenheitsgebet/ (Juni 2017).

[32] Hilde Domin, Bitte, aus: dies., Gesammelte Gedichte. © S. Fischer Verlag GmbH, Frankfurt a. M. 1987.

[33] Nähere Informationen zu Eugénie Smet und zur Kongregation der Helferinnen unter www.helferinnen.info. Speziell zu Eugénie Smet: Thérèse Garday de Soos: Wie durch Feuer hindurch. Eugénie Smet, Selige Maria von der Vorsehung: Gründerin der Helferinnen der Seelen im Fegfeuer (1825–1871), Wien 1997.

Weitere Informationen zu allen Bänden der Reihe
finden Sie unter www.echter.de